海洋自由论

The Freedom of the Seas

Mare Libervm

————[修订版]————

[荷] 格劳秀斯◇著　　[美] 拉尔夫·冯·德曼·马戈芬◇英译　　马呈元◇译

中国政法大学出版社

2021·北京

格劳秀斯（1583.4.10～1645.8.28）

总　序

　　进入 21 世纪以来，和平发展已经成为国际社会的主流和共识。各国政府认识到，基于和平共处的合作与发展是国家间关系的理想状态。尽管国际关系中依然存在各种矛盾和冲突，但是，在和而不同、求同存异的基础上解决国际争端，和衷共济地建设和谐世界符合各国人民的根本利益。而国际法在建设和谐世界，实现全球法治和治理方面无疑具有无可替代的作用。

　　中国的建设和发展同样需要这种和平共处的国际环境。不过，随着中国国力的增长和国际局势的演变，中国须直面的重大国际性法律问题与日俱增且愈益复杂：从领土争端到海洋权益纠纷，从国际贸易摩擦到民商事法律冲突，从应对全球气候变化到资源争夺，从打击恐怖主义和国际犯罪到海外中国公民及企业权益的保护……这些超越国界的法律问题，无一不关乎中国的重大利益，也无一不需要中国国际法学者予以关注、思考和回应。

　　正是基于这一背景，在我的倡议下，经过中国政法大学国际法学院和中国政法大学出版社的共同努力，"中国政法大学国际法文库"得以破茧而出。值此"文库"面世之际，我在欣喜之余，感到有必要谈谈对国际法学界同仁和"国际法文库"的殷切希望。鞭策之言，不足以为弁首也。

中国政法大学拥有世界上最大的法学家集团，其法学研究与教育在我国乃至国际上均享有盛誉。作为这个法学家集团的一部分，中国政法大学国际法学人的规模和研究能力也一直为各方所关注和重视。不过，我们应该有更广阔的国际视野和历史责任感，不能固步自封，或者对过往取得的成绩沾沾自喜。坦率地讲，无论是与西方发达国家的国际法研究水准相比，还是与我国国际法同行的最高研究水平相比，我们仍然存在不小的差距。这主要表现在两个方面：其一，在面对重大、突发的国际法理论与实践问题时，鲜有我校国际法学者发出的声音、阐释的观点或者发表的著述；其二，与国内其他一流法学院校相比，我们在国际法研究方面的优势并不明显。现有的地位，在很大程度上是依靠规模而不是质量上的优势获得的。

因此，我希望中国政法大学从事国际法研究的各位同仁能对此有清醒的认识，并产生忧患意识和危机意识，自觉抵御浮华的社会风气和浮躁的学术氛围，沉下心来做学问，以科学的精神和理性的态度关注当代中国面对的重大国际法理论与实践问题，产出高质量、高水平并经得起历史检验的学术成果。"板凳须坐十年冷，文章不写半句空"。以此与各位共勉！

基于上述认识，我希望"中国政法大学国际法文库"能够成为激励中国政法大学内外国际法学界同仁潜心研究的助推器；成为集中展示具有高水平和原创力的中国国际法学术作品的窗口；成为稳定而持续地推出国内高层次国际法理论成果的平台。欲达此目的，确保"文库"作品的质量是重中之重。

"中国政法大学国际法文库"应该以"开放性"为宗旨、以"精品化"为内涵：

第一，"开放性"是中国政法大学的办学理念之一，也是"文库"的首要宗旨。这里所谓的"开放性"，一是指"文库"收录的著述以"宏观国际法"为范畴，凡属对国际公法、国际私法、国际经济法，以及涉外性、跨国性法律问题进行研究的优秀成果，均可收录其中；二是"文库"收录的作品应当囊括校内外和国内外国际法学者的精品力作，凡达到国内一流或国际领先的高水平的国际法著述，均在收录之列。在我看来，坚持"开放性"宗旨是对"文库"范围的合理及必要的拓展，这不仅表明它海纳百川、百家争鸣的胸怀，更是它走"精品化"路线的前提与基础。

第二，"文库"以"精品化"为内涵与品质要求。所谓"精品化"，是指"文库"收录的作品应该是精品，只能是精品，必须是精品。为达此目的，"文库"要建立严格的申请和遴选制度，对申请文稿进行匿名评审，并以学术水平为评审的唯一标准。"文库"编委会应当适时召开会议，总结实际工作中的经验和教训，不断完善作品的遴选程序和办法，使"文库"出版的作品确实能够代表我国国际法学术研究的最新和最高水准。

我认为，只有秉持"开放性"与"精品化"的出版理念，坚持严格的遴选程序与标准，"中国政法大学国际法文库"才能获得持久的生命力。同时，我相信，经过一段时间的积淀，"中国政法大学国际法文库"必将成为法大乃至中国国际法研究的一个公认的学术品牌，并为构建具有"中国特色、中国风格、中国气派"
的高水平国际法理论体系做出自己的贡献。

　　是谓序。

黄　进

2012 年 12 月 12 日

于北京

中译者序文

一、格劳秀斯生活的时代背景

格劳秀斯（1583.04.10～1645.08.28）生活在"地理大发现"以后西班牙与葡萄牙垄断海上航行和贸易以及尼德兰反对西班牙统治和争取独立的"八十年战争"（1568～1648）与荷兰进行海外扩张的时期。

（一）"地理大发现"与西班牙、葡萄牙对海上航行和贸易的垄断

15世纪和16世纪的"地理大发现"在人类社会的历史上具有十分重要的意义，它反映了资本主义生产关系在欧洲国家产生和发展的内在需要。当时，奥斯曼土耳其帝国横亘在地中海东部，阻断了欧洲通往东方的道路。得益于科学的进步和新技术的运用，欧洲国家希望开辟大西洋上的航线以便前往印度和中国。

葡萄牙和西班牙是15世纪欧洲伊比利亚半岛的主要国家，也是"地理大发现"的先驱。早在1415年，葡萄牙国王若昂一世的儿子亨利亲王就从摩尔人手中夺取了休达城，并多次组织探险队对非洲海岸进行考察。为争夺加那利群岛和西非沿海地区，葡萄

牙与西班牙进行了长期的斗争。1480 年，西、葡两国签订《阿尔卡萨瓦斯条约》；根据该条约的规定，加那利群岛归西班牙所有，西非、几内亚和大西洋中的岛屿则划归葡萄牙。

1497 年 7 月 8 日，葡萄牙贵族瓦斯科·达·伽马率领四艘船只从里斯本出发寻找通往印度的航线。他们绕过好望角，经过克利马内、莫桑比克和蒙巴萨，最后到达印度马拉巴尔海角的卡利库特。1498 年 8 月，达·伽马的船队返航回国，并于 1499 年 9 月回到葡萄牙。船队运回的胡椒、生姜、肉桂、宝石等东方特产出售后获得了 60 倍的利润。同时，船队还带回了有关印度和东南亚地区翔实的资料。达·伽马的航行意味着欧洲人终于发现了直达东方的航线。

为了建立东西方之间的贸易关系，1500 年 3 月 9 日，葡萄牙国王再次派遣佩德罗·卡布拉尔率领 13 艘船只前往东方。卡布拉尔在航行中发现了南美洲的巴西，并宣布巴西由葡萄牙占有。后来，他又航行到达印度，在采购香料、宝石等东方产品后于 1501 年 6 月 23 日返回里斯本。从此以后，葡萄牙船队定期往返于东西方之间的航线上。葡萄牙相继占领了印度的果阿和马六甲地区的国家，并在果阿设立总督府，对东南亚地区进行统治。1517 年，葡萄牙人安德拉德率领 8 艘船只驶入广州；1542 年，葡萄牙商人获准在宁波定居；1553 年，葡萄牙商人借口晾晒货物，通过贿赂广东海道副使汪柏，占据了澳门，每年向中国缴纳租银 500 两。此后，葡萄牙商人和传教士不断乘船从里斯本来到中国。他们甚至从中国航行到日本，并在长崎建立了一个基督教徒社区。

与此同时，西班牙也在进行海上探险活动。1492 年 8 月 3 日，

在西班牙女王伊莎贝拉一世的支持下，克里斯托弗·哥伦布率领 3
艘船只和 120 名水手从帕洛斯港出发，开始了向西横渡大西洋的航
行。他们此次航行的目的是寻找直达印度的航路并发现新的土地。
同年 10 月 12 日，哥伦布在巴哈马群岛登陆，并将该地取名为圣萨
尔瓦多。由于哥伦布以为他抵达的地方是印度，因此，他把岛上
的土著人称为印度人（印第安人）。然后，哥伦布到达古巴（他认
为是日本），并且发现了海地和圣多明各。1493 年 4 月 15 日，哥
伦布率船队返回帕洛斯港，并宣称自己发现了印度群岛。哥伦布
发布的消息在欧洲引起了很大的震动。为了防止葡萄牙根据《阿
尔卡萨瓦斯条约》提出权利主张，西班牙国王要求罗马教皇亚历
山大六世为两国划定一条分界线。

　　1493 年 9 月 25 日~1496 年 6 月 11 日，哥伦布率领 17 艘大船
和 1500 名水手完成了横渡大西洋的第二次航行。在这次航行中，
哥伦布发现了多米尼加、波多黎各、牙买加和安的列斯群岛中的
一些岛屿，他还探察了古巴的南岸，并在那里建立了伊莎贝拉城，
极大地增强了西班牙在美洲的实力。1498~1504 年，哥伦布又先后
进行了两次航行，到达了特立尼达岛、洪都拉斯、巴拿马等地。但
直到哥伦布于 1506 年去世，他一直没有找到直达中国和印度的航
道。当时已有人怀疑哥伦布发现的地方并不是印度，而是一个新
世界。

　　麦哲伦是哥伦布之后最著名的西班牙探险家。麦哲伦原为葡
萄牙人，熟悉航海知识和技能。他和哥伦布一样深信横渡大西洋
可以到达东方，而且这一条航线比较短，航行条件亦比较好。由
于葡萄牙王室没有批准他的航海计划，他便加入了西班牙国籍。

在西班牙国王查理一世的支持下，麦哲伦于 1519 年 9 月 20 日率领 5 艘船和 270 名水手离开西班牙去寻找通往马克鲁群岛的海峡。他探察了拉普拉塔河河口，在圣胡利安过冬后，穿过以他自己的名字命名的海峡进入太平洋。经过几个月的航行，他的船队到达拉德龙群岛和菲律宾群岛。1521 年，麦哲伦在与菲律宾当地人的一次冲突中被杀死，但他船队中的一条船继续向西航行，并于 1522 年 9 月 6 日返回西班牙。麦哲伦船队的航行最终证明了大地是球形的理论，在地理和科学方面具有非常重要的意义。

西班牙海上势力的扩展导致了它与葡萄牙的争端。教皇亚历山大六世（1492~1503 在位）对两国之间的争端进行了调停和仲裁，并于 1493 年 5 月 4 日在亚速尔群岛和佛得角以西 100 里格处从北极到南极为两国划了一条分界线，界线以东属于葡萄牙的势力范围，界线以西基督教诸侯的所有土地属于西班牙。亚历山大六世还授予葡萄牙和西班牙一项"保护传教"的特权，即两国在各自的范围内有传播天主教的权利，包括任命主教和划分教区的权利。这也是后来葡萄牙坚持认为它在东方（包括中国和日本）享有"保教权"的原因和根据。由于葡萄牙国王若昂二世对这条界线感到不满，在教皇亚历山大六世的调停下，葡萄牙和西班牙又于 1494 年 6 月 7 日签订了《托尔德西拉斯条约》。根据该条约，两国殖民地的分界线在亚历山大六世所划界线的基础上西移 270 里格，葡萄牙对界线以东的所有土地享有专属权利，西班牙则对界线以西的所有土地享有同样的权利。《托尔德西拉斯条约》的缔结意味着葡萄牙和西班牙瓜分了全世界的海洋和殖民地，也使巴西被划入了葡萄牙的管辖范围。1629 年，西班牙又与葡萄牙签订了

《萨拉戈萨条约》，将西班牙属地的边界线划在摩鹿加群岛以东 17
度的地方。

　　与"地理大发现"相伴而来的是殖民地的建立。西班牙征服
了墨西哥、秘鲁、哥伦比亚、智利、阿根廷等地区，形成了其在
拉丁美洲的殖民地；葡萄牙则在巴西、非洲和亚洲的部分地区建
立了自己的殖民地。随着海洋的划分和殖民地的建立，西班牙和
葡萄牙在很大程度上垄断了海上航行和贸易。与此同时，鉴于对
殖民地的掠夺是欧洲原始积累的主要方式之一，大量黄金和白银
从美洲和印度等地区流入欧洲，在刺激物价上涨的同时，引起了
商业革命。随着市场的扩张，可以流通的商品种类越来越多，亚
洲的产品和美洲的金银大量进入国际市场，大西洋沿岸的里斯
本、安特卫普、阿姆斯特丹、伦敦成为具有世界意义的工商业
城市。

　　但是，西班牙和葡萄牙对海上航行和贸易的垄断引起了英国、
法国、尼德兰等后起的海上强国的不满。为了各自的利益，它们
向西班牙和葡萄牙的海上霸权和商业霸权发起了有力的挑战。1588
年 7 月，由 130 艘战船组成的西班牙"无敌舰队"在英国海峡被
英国海军击败。它标志着西班牙海上霸权衰落的开始。后来，英
国在北美洲东部建立了许多基地，为其建立北美洲殖民地打下了
基础。1600 年，英国东印度公司成立，致力于开辟东方市场和对
印度进行侵略。

　　(二) 葡萄牙与西班牙的合并

　　1580 年之前，葡萄牙一直在阿维什王朝的统治之下。但是，
16 世纪以来，统治西班牙的哈布斯堡王室逐渐向葡萄牙渗透，并

通过联姻使哈布斯堡王室的血统混入葡萄牙阿维什王室的血统之中。1557 年，继承曼努埃尔一世（1495~1521 在位）担任葡萄牙国王的若昂三世去世后，年仅 3 岁的塞巴斯蒂昂继承了葡萄牙的王位，他的叔祖父红衣主教恩里克担任摄政。成年后的塞巴斯蒂昂是一名宗教狂热的统治者，他积极组织和领导对异教徒的讨伐。1578 年 8 月，塞巴斯蒂昂在征讨摩洛哥穆斯林的战争中兵败身亡。由于他没有子嗣，因而恩里克还俗并成为葡萄牙国王。1580 年恩里克去世后，阿维什王朝绝嗣，葡萄牙只得在曼努埃尔一世的孙辈中寻找继承人，而其中最有竞争力的是曼努埃尔一世的外孙、西班牙国王腓力二世。虽然曾经跟随塞巴斯蒂昂出征摩洛哥的隐修院院长安东尼奥在圣塔伦自立为王，但教皇格列高利十三世不承认他的合法性，并支持腓力二世继承葡萄牙王位。

1580 年 11 月，腓力二世派阿尔瓦公爵率领西班牙军队进入葡萄牙，并很快攻陷里斯本，安东尼奥被迫流亡国外。在西班牙军队和教廷的压力下，葡萄牙议会被迫同意西班牙国王腓力二世兼任葡萄牙国王，称"费利佩一世"。虽然费利佩一世当时允诺葡萄牙保留自治权，葡萄牙王国及其海外省不得被国王擅自收编为西班牙领土或行省，但后来的费利佩二世和费利佩三世违背了这一诺言。

在欧洲三十年战争（1618~1648）和反对哈布斯堡王室的浪潮中，葡萄牙贵族和民众于 1640 年 12 月 1 日发动起义。他们驱逐了西班牙统治者和军队，并拥戴布拉干萨公爵为国王，称"若昂四世"。这是布拉干萨王室（1640~1910）统治葡萄牙的开端。此后，葡萄牙又与西班牙进行了 20 多年的斗争，直到 1668 年，西班牙才正式承认布拉干萨王室统治葡萄牙的合法性。在格劳秀斯生活的时代，葡萄牙和西班牙事实上属于同一个国家。正如詹姆斯·布朗·斯科特在他为《海洋自由论》（英文版）撰写的"序言"中指出的那样："在那一时期，西、葡两国处于一个共同的主权者之下。"另外，《海洋自由论》的"附录"中收录了西班牙国王费利佩三世写给葡萄牙东印度地区总督马丁·阿方索·德·卡斯特罗的两封信。这个事实从另一个方面说明了当时西班牙和葡萄牙的关系。

（三）尼德兰革命与荷兰的海外扩张

尼德兰（Netherlands）在荷兰语中的意思是"低地"（lowlands），因此，尼德兰也被称为"低地国家"。尼德兰原来的范围大致包括今天的荷兰、比利时、卢森堡和法国北部阿图瓦地区的一小部分，具体有17个省（布拉邦特、林堡、卢森堡、格尔德兰、佛兰德、阿图瓦、埃诺、荷兰、泽兰、那慕尔、东弗里斯兰、西弗里斯兰、梅克伦、乌得勒支、上埃塞尔、朱特凡、格罗宁根）。尼德兰工商业发达，人口稠密，16世纪初时已有300万人，200个城市和6000个村落，其中，安特卫普是最重要的工商业中心。"地理大发现"以后，安特卫普更成了欧洲联系美洲和亚洲的国际市场。尼德兰以呢绒纺织业著名，当时，英国出口的羊毛90%运往尼德兰加工生产呢绒。在尼德兰的纺织业中最早出现了新式的手工业工场，并很快影响到了其他行业。同时，尼德兰的染色业、造船业、航海业、捕鱼业、运输业也迅速发展起来。到1560年前后，尼德兰每年的工商业总收入达到了3187万盾。

随着工商业的发展，尼德兰的贵族和资产阶级不但掌握了很大的政治权力，而且与近邻各国保持着密切联系。在尼德兰革命之前，尼德兰各省已经有了自己的三级议会；1465 年以来，还出现了由各省三级议会代表组成的全国三级议会，政府征收赋税须经三级议会同意。尼德兰各省有自治权，城市也有自由权。

　　尼德兰原为奥地利哈布斯堡王室的领地，后被神圣罗马帝国皇帝和西班牙国王查理五世（1519～1556 在位）合并于西班牙。1556 年，查理五世病重禅让，将西班牙、尼德兰、意大利的那不勒斯、西西里岛、撒丁岛以及西班牙的美洲殖民地传给了他的儿子腓力二世（1556～1598 在位）。腓力二世派遣大批西班牙贵族统治尼德兰，西班牙军队长期驻扎在尼德兰各省区，极端腐败的红衣主教格兰维尔成为尼德兰政府的中心人物。为保护西班牙的商业特权，西班牙禁止尼德兰商船到西班牙及其所属殖民地进行贸易，并为弥补宫廷挥霍无度的支出和巨额的战争费用在尼德兰征收大量赋税。此外，宗教改革以来，加尔文教派在尼德兰广泛传播，城市平民拥护再浸礼教，贵族也多倾向于路德教派，但腓力二世却强制在尼德兰变更教区，设立宗教裁判所惩治"异端"。西班牙对尼德兰在政治、经济和宗教方面的奴役激起了尼德兰贵族和平民的反抗，1563 年，尼德兰大贵族集团代表人物奥伦治家族的威廉亲王（即威廉一世（沉默者））、埃格蒙特伯爵和海军大将荷仑上书腓力二世，要求撤换西班牙红衣主教格兰维尔、关闭宗教裁判所、整顿吏治和禁绝贪污。但腓力二世不予理睬。1565 年10 月，腓力二世发布命令，要求采取严酷手段消灭尼德兰的"异端"，并镇压一切对西班牙的反抗。

　　腓力二世的政策迫使尼德兰贵族和平民展开了广泛的武装斗

争。1566 年，尼德兰各大城市爆发了反对西班牙统治的起义，并很快遍及全国，西班牙对尼德兰的统治陷于瘫痪状态。为了镇压尼德兰革命，腓力二世任命以残暴著称的大贵族阿尔瓦公爵为讨伐军总司令，率领 2 万精兵进入尼德兰。阿尔瓦公爵建立了"血腥法庭"，处死了埃格蒙特伯爵、荷仑将军和许多新教领袖，并没收了他们的财产，被法庭判处死刑者约 1.8 万人。在阿尔瓦公爵的恐怖统治下，尼德兰人人自危，大批技术工人逃往国外。与此同时，阿尔瓦公爵还颁布了新的捐税条例，加强对尼德兰人民的经济压迫。但是，阿尔瓦公爵的强力镇压并没有征服尼德兰贵族和平民，以奥伦治家族的威廉亲王为领袖的尼德兰抵抗力量在陆地和海上全面开展了反对西班牙统治的武装斗争。1568 年 5 月 23 日，阿尔瓦公爵率领的西班牙军队和威廉亲王率领的尼德兰军队在格罗宁根省的海利赫莱交战，西班牙军队被击败并遭受重大损失。海利赫莱战役标志着尼德兰反对西班牙统治和争取独立的"八十年战争"（1568~1648）正式开始。在 1573 年的哈勒姆战役中，西班牙军队损失了 1.2 万人。后来，阿尔瓦公爵被招回西班牙，尼德兰战争的形势对西班牙日渐不利。

1576 年，尼德兰南北各省的代表在根特召开会议，成立了"全尼德兰联盟"。但不久后，"全尼德兰联盟"发生分裂，南方各省于 1579 年 1 月 6 日结成"阿拉斯同盟"，并在其后向西班牙妥协；北方七省（荷兰、泽兰、乌得勒支、格尔德兰、格罗宁根、弗里斯兰、上埃塞尔）于 1579 年 1 月 23 日成立"乌得勒支同盟"，仍然坚持独立主张。1581 年，"乌得勒支同盟"正式宣布脱离西班牙独立，建立"荷兰联省共和国"（亦称"尼德兰联省共和国"

或"荷兰共和国"），废黜腓力二世，并选举奥伦治家族的威廉亲王为世袭国家元首。1584 年 10 月 7 日，西班牙指使一名狂热的法兰西天主教徒刺杀了威廉亲王。然而，荷兰联省共和国人民在威廉亲王的儿子、17 岁的莫里斯（拿骚的）亲王（1567.11.13～1625）领导下继续与西班牙进行武装斗争。由于荷兰人民长期的坚决抵抗和西班牙在与英国的战争中遭到惨败，国家财政枯竭，无力继续进行战争，因此，1609 年 4 月 9 日，西班牙被迫与荷兰联省共和国签订了有效期为 12 年的《安特卫普停战协定》，西班牙事实上承认了"荷兰联省共和国"的独立。但是，1622 年，双方重启战端。直到 1648 年结束欧洲"三十年战争"的《威斯特伐利亚和约》签定以后，"荷兰联省共和国"的独立地位才在国际法上得到确立。

"荷兰联省共和国"一直延续到 1795 年巴达维亚共和国（1795～1806）成立为止。后历经荷兰王国（1806～1810）、被法兰西兼并（1810～1813）、北尼德兰王国（1813～1815）、尼德兰王国（1815 北尼德兰王国与比利时合并建立尼德兰王国，1830 年比利时宣布独立，1839 年双方正式分裂）以及第一次世界大战中成为中立国和第二次世界大战中被德国占领等过程，最终形成了今天的荷兰王国。当然，这是后话。

1581 年宣布独立的荷兰联省共和国是由资产阶级和资产阶级化的贵族统治的国家。随着资本主义生产方式的发展和海外贸易的扩张，荷兰的经济很快出现了空前繁荣的景象，取得了欧洲第一个商业资本主义国家的地位。安特卫普、布鲁日、根特等城市信仰新教的富商争相迁入荷兰，英法等国的新教徒（多为技术工人和商人）也纷纷迁入荷兰，以享受宗教自由。阿姆斯特丹很快取代安特卫普成为国际贸易的大都会，同时，也成为西欧的金融中心，成立于 1649 年的阿姆斯特丹银行成为欧洲第一家资本主义式的银行。荷兰拥有当时欧洲最大的商贸船队，其贸易范围往北到波罗的海，往南则沿着葡萄牙的旧航路直达非洲沿海地带，并延伸至好望角。在东方，荷兰很快从葡萄牙手中夺取了贸易垄断权。1602 年，荷属东印度公司成立；1606 年，荷兰舰队在马六甲打败了西班牙和葡萄牙联合的海陆军。此后，荷兰占领了印度尼西亚（爪哇、苏门答腊、摩鹿加群岛）。1621 年，荷属西印度公司成立，荷兰殖民者占领了美洲东海岸的新阿姆斯特丹（1664年合并于英国，改名纽约）。总之，独立后的荷兰联省共和国对地理大发现以来垄断海上贸易和殖民地的葡萄牙和西班牙发起了强有力的挑战。

二、格劳秀斯的生平与著作

格劳秀斯是荷兰著名的政治家、法学家、神学家、历史学家、诗人和人文主义者。1583 年 4 月 10 日，格劳秀斯出生于海牙附近美丽的代尔夫特镇。他自幼天资聪颖，8 岁便开始写拉丁文挽歌，11 岁进入莱顿大学文学院。1598 年，15 岁的格劳秀斯跟随荷兰著名政治家奥尔登巴内费尔特访问法国，被法国国王亨利四世称为"荷兰的奇迹"。同年，格劳秀斯决定在法国奥尔良学习法律，并发表了评论政局的《祭司长》一文。1599 年，格劳秀斯回到荷兰并定居海牙，开始从事律师职业。

在青年时代，格劳秀斯才华横溢，雄心勃勃。尽管作为律师很早就取得了引人瞩目的成就，但他并不满足，一心希望能够改变现状。由于自己的努力和荷兰议会议长奥尔登巴内费尔特的提携，格劳秀斯进入政界，并很快崭露头角，成为荷兰政坛的一颗新星。但是，天有不测风云，奥尔登巴内费尔特在与莫里斯亲王的政治斗争中失败，格劳秀斯受到牵连，他从事业的顶峰跌落谷底。1618 年，格劳秀斯被捕并被判处终身监禁，关押在劳埃弗斯汀监狱中。1621 年 3 月 22 日，格劳秀斯在妻子的帮助下戏剧性地逃出监牢。他先到安特卫普，后去往巴黎，受到法国国王路易十三和许多政治家的欢迎。即使是在坐牢和流亡期间，格劳秀斯依然坚持进行学术研究，笔耕不辍，完成和出版了一系列作品，其中包括他最伟大的著作《战争与和平法》。莫里斯亲王去世后，格劳秀斯于 1631 年返回荷兰，但次年又去往汉堡。由于他在国际上享有极高声望，1634 年，瑞典政府任命他担任驻法国大使，因而他再度定居巴黎。1644 年，雅典女王克里斯蒂娜邀请格劳秀斯前往瑞典，他在瑞典受到热情款待，但他拒绝担任瑞典参政会委员。1645 年 8 月 28 日，格劳秀斯在从瑞典返回巴黎的途中，因船难在罗斯托克去世。

格劳秀斯一生在政治和学术两个方面都取得了非凡的成就。作为政治家，他是荷兰议会议长奥尔登巴内费尔特的得力助手和盟友，曾先后担任鹿特丹市市长和荷兰总检察长；后来甚至接受瑞典政府的任命，出任瑞典驻法国大使。作为神学家，他秉持早期基督教会的思想，致力于弥合不同教派之间的分歧，并且发表了《亚当在流亡》和《基督受难》等神学作品。作为历史学家，他对历史问题做了广泛深入的研究，出版了《编年与历史》和

《哥特人、汪达尔人和伦巴第人历史》等著作，他推崇塔西佗的写作方式，并在晚年对塔西佗的著作进行了编辑。作为诗人，他于 1600 年出版了诗集《奇迹》，1601 年又出版了拉丁文诗集《圣诗》。他最著名的诗篇是在监狱中完成的，那是一篇关于宣传基督教思想的荷兰水手的诗。这一作品奠定了格劳秀斯作为诗人的地位，它后来被译成包括阿拉伯语和乌尔都语在内的 13 种语言。

不过，格劳秀斯最辉煌的成就是在法学领域取得的。他的第一部国际法著作是 1604～1605 年完成的《捕获法评论》（*De Jure Praedae Commentarius*，简称"《捕获法》"）。这是他在代理一起荷兰东印度公司的船队在东印度群岛拿捕一艘葡萄牙船只的案件后经过认真思考和研究写作而成的。不过，这部著作的原稿直到 1864 年才被发现，并于 1868 年首次出版。

在《捕获法》中，格劳秀斯首先提出了由九条规则和十三项法律构成的理论体系，全书其他部分的论述主要是围绕这九条规则和十三项法律展开的。其中，第一项规则"神意之体现即为法"是这一理论体系的首要原则，它充分体现了格劳秀斯在这一时期的自然法思想。根据格劳秀斯的观点，有些战争是正义的，基督教徒的有些战争也是正义的，甚至基督教教徒针对基督教徒的有些战争同样是正义的；为了重新获得自己的财产、惩罚犯罪和取得敌人的财产，捕获战利品是正义的，基督教徒捕获战利品有时是正义的，甚至基督教徒从基督教徒手中捕获战利品有时也是正义的。格劳秀斯把战争分为公战和私战两种类型：私战可以由任何人正当地发动，公战则可以由一国或该国不同级别的行政长官正当地发动，包括与盟国或盟国行政长官共同发动或者通过臣民作为代理人发动。保护自己的生命和财产、重新取得属于自己的财产、索取应得的报酬和惩罚犯罪构成发动正义战争的原因。

对于《捕获法》论述的重点，即捕获战利品的问题，格劳秀斯指出，在私战中，捕获的战利品应当由战争的主要发动者在满足其合理主张的范围内取得；在公战中，发动公战的国家有权在国家本身的权利得到满足的范围内取得在战争中捕获的战利品；国家本身或者取得国家转让的战利品之人可以成为战利品的所有人。对于在没有任何补偿协议的条件下自付成本，自担损失和风险进行公战之人，他们正当地捕获的所有战利品都应当归自己所有，除非根据特别法或协议应当从中扣除特定部分。

《捕获法》的第十二章是《海洋自由论》的原型，由于该章的内容相对独立，因此，格劳秀斯把它单独拿出来，并在修改后以《海洋自由论》的名称予以发表。在该章中，格劳秀斯经过认真研究后指出，任何人均有权进入任何国家，这不仅来源于许可，更来源于万国法的命令；无论是出于发现、教皇的授予或战争的理由，均不得仅仅因为某些人是异教徒而剥夺他们的公共或私人的所有权；无论是出于占有、教皇的授予或时效（即习惯）的理由，海洋本身和海上航行权以及与他国进行贸易的权利均不得被任何一方所独占。在《捕获法》最后三章的论述中，格劳秀斯认为，荷兰反对西班牙和葡萄牙的战争以及荷兰东印度公司取得战利品都是正义的；荷兰东印度公司捕获和取得战利品是光荣的，而且符合荷兰国家和东印度公司的利益。

格劳秀斯的《捕获法》诞生于真正的法庭实践，他在书中阐述的论点得到了捕获法庭的认可。在一个著名案例的基础上完成的这一部国际法著作具有重要的理论和现实意义。首先，《捕获法》试图说明，在战争时期，存在一种规范敌对行为的法律；在和平时期，存在一种通过友好方式处理国家间关系的法律。其次，该书的内容有助于负责国家事务的人了解国家间最经常发生的争端，并运用书中确立的原则加以解决。最后，该书所阐述的原理能够不同程度地适用于新出现的争端，而且无论在战争还是和平时期，国家和个人，甚至其他实体都可以真诚地信赖《捕获法》中阐述的原理。[1]

1609 年，格劳秀斯匿名发表了《海洋自由论》一书。《海洋自由论》的第一版只是一本不到 80 页的小册子，它是格劳秀斯在《捕获法》第十二章的基础上经过修改和补充后完成的。在《海洋自由论》中，格劳秀斯反对葡萄牙对东方贸易的垄断，并认为每个国家、民族和个人均享有航行和贸易自由。尽管当时格劳秀斯关于海洋自由的观点遭到英国学者约翰·塞尔登等人的反对，但它很快被在全世界进行探险和殖民活动的欧洲列强所接受。

此外，1631 年，格劳秀斯写作完成的《荷兰法理学》出版发行。该书是荷兰法理学方面的权威著作之一，甚至对其他国家的法学界也产生了重要影响。

不过，格劳秀斯在法学领域最伟大的成果是 1625 年出版的三卷本的《战争与和平法》（*De Jure Belli ac Pacis Libri Tres*）。它是格

---

〔1〕〔荷〕格劳秀斯著，〔美〕弗朗西斯·W. 凯尔西等英译，马呈元译：《战争与和平法》（第 1 卷）（修订版），"序文"，中国政法大学出版社 2018 年版，第 40 页。

劳秀斯在《捕获法评论》第三章至第十章阐述的正义战争基本理论的基础上，总结和借鉴前人的学术成果并结合自己后来的研究和思考完成的一部鸿篇巨制。《战争与和平法》是人类社会第一部系统地论述调整国家之间关系的规则的著作，它奠定了近代国际法的理论基础，在国际法的发展历史上具有无与伦比的重要地位。《战争与和平法》是一部百科全书式的著作，除法学外，其内容还涉及哲学、政治学、军事学、伦理学、神学、文学、史学等诸多领域。在法学方面，它既包括战争法，也包括平时法；既包括法学理论，也包括民法和刑法，但主要是国际法。格劳秀斯博览群书，旁征博引，《战争与和平法》中不仅大量引用了《圣经》、《国法大全》（《查士丁尼法典》）、《天主教教会法典大全》等历史文献的内容和诸多权威学者的著作和观点，还引用了许多历史事件和典故，显示了格劳秀斯深厚的学术底蕴、高超的写作技巧和严谨的写作风格。总的来说，格劳秀斯的《战争与和平法》在借鉴维多利亚、阿亚拉、真蒂利等国际法先贤研究成果的基础上，使以调整国家间关系的规则为内容的国际法初步形成了一个独立的法律体系。

《战争与和平法》出版于欧洲三十年战争期间，它的出版在当时产生了很大的影响。岑德彰先生在《国际法典》[1]的"序言"中指出："《国际法典》既出，不胫而走。一时君相，莫不人手一编，视为鸿秘。迨三十年大战告终，欧陆各国群集而开维司提费

---

[1] 《国际法典》的主要内容是岑德彰先生翻译的格劳秀斯《战争与和平法》的"绪论"部分，商务印书馆 1931 年出版。

利亚和会（1648）。时则创巨痛深，人思休息，而旧制销亡，不足以维系人心，于是《国际法典》乃排众说起而代之。盖至是而罗马帝国崩溃无余，中欧列邦，纷然自主，开列强并峙之局，伏德国统一之机。人谓世之有国际法，始于维司提费利亚和会。而不知二十三年之前，巴黎陋巷之中，已有人焉，摇纸伸眉，论列是非。卒能震烁古今，师表百世，猗欤休哉。若格劳秀斯者，洵可谓国际法不祧之宗也。"

面对连绵不断的战争给人类社会造成的巨大破坏，格劳秀斯在《战争与和平法》中提出了关于正义战争（包括公战和私战）的重要理论。按照格劳秀斯的观点，战争依其起因分为正义战争和非正义战争。为保卫自己的财产或权利，取得属于自己的财产或利益或者为惩罚对方的犯罪行为而进行的战争属于正义战争；在没有法庭对国家之间的争端作出裁决的情况下，战争作为实现正义的手段是合法有效的；战争本质上是由于缺乏能够处理国家间争端的法庭而诉诸武装力量进行的法律诉讼。格劳秀斯坚持认为，国家和个人一样要受自然法的拘束，自然法建立在人类的理性之上，并具有高于一切的地位，即使是上帝也不能违反。

三、《海洋自由论》的写作与出版背景

格劳秀斯《海洋自由论》的英文名称是 *The Freedom of the Seas or the Right Which Belongs to the Dutch to Take Part in the East Indian Trade*，它可以直译为《海洋自由论或属于荷兰的参与东印度贸易的权利》。《海洋自由论》是格劳秀斯在法学领域出版的第一部著作，反映了格劳秀斯反对葡萄牙和西班牙瓜分海洋和垄断贸易，

主张航行自由和贸易自由的思想。无论在当时还是在现代，该书都具有非常重要的理论指导和学术研究价值。

在荷兰与西班牙、葡萄牙争夺海上霸权并力图打破葡萄牙对东方的航行和贸易垄断的背景下，1603 年 2 月 25 日凌晨，荷兰人海姆斯凯尔克率领的武装船队在新加坡海峡袭击了葡萄牙商船"凯瑟琳号"。到夜幕降临时，葡萄牙人投降了，海姆斯凯尔克缴获了该船和船上的大量货物。[1]

对于这一事件，格劳秀斯在他的《编年与历史》[2] 中这样写道：

"柔佛（马六甲地区的一个王国）国王竟敢撕开葡萄牙人旧的伤口。他鼓动率领着两艘荷兰船只的雅各布·海姆斯凯尔克袭击一艘停泊在葡萄牙殖民地马六甲和苏门答腊之间海峡中的巨大的帆船。海姆斯凯尔克这样做了。柔佛国王既是荷兰人这一场胜利的始作俑者，也是它的见证人。荷兰人笑纳了他们缴获的大量战利品。不过，尽管有活生生的事实证明葡萄牙人犯下了残酷的罪行，但荷兰人还是饶恕了船上的所有人（总共有不同年龄和性别的将近 700 人），而没有剥夺他们的性命……这些财产是从公敌手中获得的。虽然这次行动给葡萄牙和葡萄牙国王造成了巨大损害，但是，它在公、私两个方面都给荷兰带来了极大的利益和荣耀。

---

〔1〕　Hugo Grotius, *Commentary on the Law of Prize and Booty*, "Introduction", Liberty Fund, Inc., p. xiii, (2006).

〔2〕　"格劳秀斯的这一部著作写作于 1612 年，但直到 1657 年，大约在这位伟大的作者逝世 13 年之后，它才得以第一次出版。"引自 1665 年在伦敦出版的名为《低地国家的编年与历史》的英文译本，第十一卷，第 731～732 页。

不过，在这个勤劳和追逐财富的国家多次发生过这样的情形：一些人拒绝让商船在战争中扮演武装力量的角色。他们认为这样做既不恰当，也不方便，因而是最不可取的。

从这个时候开始，东方似乎出现了一场新的战争。荷兰东印度公司被认为是荷兰国家重要的组成部分。东印度公司不但将其战利品中的一部分充实了荷兰的国库，而且它通过剥夺敌国公民私人利益的方式，消耗了敌人的实力。东印度公司时刻对敌人进行抢劫，迫使他们在防御方面无休止地消耗金钱"[1]

为了便于进行大规模的探险和贸易活动，荷兰的商人们希望建立各种公司，并由这些公司联合组成巨大的荷兰东印度公司。然而，尽管荷兰民众在获取财富的问题上意见一致，但进行战争却是另外一个问题，因为打仗需要付出高昂的代价。虽然后来荷兰议会授权东印度公司在海上进行拿捕，但海姆斯凯尔克对"凯瑟琳号"的拿捕发生在荷兰议会授权之前。这实际上是一种武装商船进行私掠的行为。由于门诺派教徒反对使用武力，因此，他们对这种海上拿捕行动感到十分震惊。东印度公司中的门诺派教徒拒绝接受分配给他们的"凯瑟琳号"上的财物，公司的门诺派领袖出售了自己的股票，辞去了公司董事的职务并退出公司。与此同时，有人设想在亨利四世的保护下在法国建立一个新的东印度公司，以便与东方和平地进行贸易，因为法国与葡萄牙及西班牙均处于和平状态。

---

〔1〕 参见 ［荷］格劳秀斯著，［美］弗朗西斯·W.凯尔西等英译，马呈元译：《战争与和平法》（第1卷）（修订版）"序文"，中国政法大学出版社2018年版，第16~17页。

正是由于部分荷兰人对于荷兰东印度公司拿捕"凯瑟琳号"的行动是否合法、"凯瑟琳号"上的物品是否属于合法的战利品，以及他们是否可以根据捕获法取得分配给他们的财物等问题上存在疑虑，因而在荷兰的捕获法庭引起了一场诉讼。

据认为，格劳秀斯作为荷兰东印度公司的代理人参加了在捕获法庭进行的这场诉讼。不过，能够证明这一事实的文件已不复存在，18 世纪的一场大火烧毁了存放这些文件的荷兰海军部大楼。但许多学者相信，荷兰东印度公司聘请了格劳秀斯为它进行辩护，并要求他证明荷兰人拿捕葡萄牙船只具有正当性。荷兰莱顿大学著名历史学家弗鲁因教授审查了与拿捕葡萄牙船只"凯瑟琳号"有关的所有文件、1604 年荷兰海军部关于拿捕的程序以及格劳秀斯与东印度公司的关系后指出，格劳秀斯确实代表荷兰东印度公司参加了在捕获法庭进行的诉讼，并且在世界面前维护了该公司的利益。他说道："我倾向于认为他在本案中作为律师服务于东印度公司，而且他本人就是得到判决书承认的书面诉讼主张的起草人，或者起草人之一。"[1]

由于"凯瑟琳号"船上的有些货物容易变质，因此，1604 年 7 月 29 日，荷兰总检察长决定公开出售这批货物，尽管当时诉讼还没有结束。1604 年 9 月 9 日，捕获法庭对本案作出判决并宣布，被捕获的"凯瑟琳号"以及船上的所有货物都属于合法的战利品。

在诉讼结束后，格劳秀斯撰写了一本为东印度公司辩护的著

---

［1］ 参见［荷］格劳秀斯著，［美］弗朗西斯·W.凯尔西等英译，马呈元译：《战争与和平法》（第 1 卷）（修订版）"序文"，中国政法大学出版社 2018 年版，第 26~27 页。

作，即《捕获法》。该书完成于1605年。人们认为，格劳秀斯写作《捕获法》一书可能是出于他对在捕获法庭审理的这个案件的职业兴趣，也可能是为了满足荷兰人和外国人对这个著名的案件的好奇心，甚至可能是应荷兰东印度公司的要求写作的。而格劳秀斯本人在《为海洋自由辩护——兼驳威尔沃德》[1] 中说明了促使他写作《捕获法》的原因：

"几年以前，我就看到了与被称为东方的印度进行商业贸易对荷兰国家安全的极端重要的意义，并注意到葡萄牙使用暴力和诡计对此进行阻挠的事实。很明显，如果没有武力作为后盾，这样的商业贸易将难以持续。从那时起，我就开始致力于激发我的同胞们勇敢地捍卫我们已经获得的利益的精神。由于我在那个案件中看到了平等和正义，而且我认为我们所信任的祖先传给我们的法律正是来源于平等和正义，因此，我在完整的有关捕获法的评论中详细和充分地阐述了关于战争和捕获的所有权利、葡萄牙人对我们的同胞实施各种野蛮和残暴行为的历史以及与之相关的许多其他事实。"[2]

但是，《捕获法》一书在1605年完成后并没有出版，人们在很长时间内对格劳秀斯的这部著作一无所知。直到200多年后的1864年，该书的手稿才被发现。1868年，在哈马克尔教授对手稿进行编辑后，《捕获法》正式出版发行。至于该书没有及时出版的

---

〔1〕 格劳秀斯的《为海洋自由辩护——兼驳威尔沃德》当时并未发表，其手稿是在1864年与《捕获法》的手稿同时被发现的。

〔2〕 〔荷〕格劳秀斯著，〔美〕弗朗西斯·W.凯尔西等英译，马呈元译：《战争与和平法》（第1卷）（修订版）"序文"，中国政法大学出版社2018年版，第17页。

原因，格劳秀斯从未提及。它可能是因为门诺派教徒最终没有能够在法国建立东印度公司，所以，不再需要对他们进行劝导；也可能是因为荷兰东印度公司生意兴隆，没有出现原先预计的重大损失，而且随着荷兰海外贸易和商业活动的不断扩展，拿捕葡萄牙船只已被视为一种爱国主义行动，并得到了公众舆论的广泛支持，所以，东印度公司认为没有必要出版这样一部著作了。

　　虽然《捕获法》直到 1868 年才正式出版，但在 1609 年，[1]有人匿名出版了一本名为《海洋自由论》的小册子。对于谁是该书的作者，人们一直议论纷纷。直到《捕获法》出版以后，大家才最终确认，格劳秀斯就是《海洋自由论》的作者，它只是经过修改的《捕获法》中的第十二章。不过，"虽然整个世界直到 1868年《捕获法》正式出版后才不再怀疑《海洋自由论》出自格劳秀斯之手，但格劳秀斯本人一直很清楚《海洋自由论》和《捕获法》之间的关系"。[2]

　　后来的研究发现，由于荷兰东印度公司需要公开出版一部作品为它在东印度群岛地区从事贸易和殖民的权利进行辩护，因此，它再次求助于格劳秀斯。荷兰东印度公司在 1608 年 11 月 4 日写给格劳秀斯的一封信中，要求他对《捕获法》的第十二章进行必要的修改，并单独向公众出版发行。当时，格劳秀斯已成为荷兰的

---

　　[1]　尽管中国国际法学界一般认为《海洋自由论》发表于 1609 年，但按照詹姆斯·布朗·斯科特的说法，该书出版于 1608 年 11 月。（参见《海洋自由论》"英译本序言"第二段。）

　　[2]　[荷] 格劳秀斯著，[美] 弗朗西斯·W. 凯尔西等英译，马呈元译：《战争与和平法》（第 1 卷）（修订版）"序文"，中国政法大学出版社 2018 年版，第 30 页。

总检察长，不再从事律师职业，但他仍然抓紧时间进行工作，使《海洋自由论》得以在1609年3月出版。

格劳秀斯本人在《为海洋自由辩护——兼驳威尔沃德》中说明了他同意单独出版《海洋自由论》的原因：

"不久以后，出现了西班牙与我国媾和或者停战的某种希望。但是，对于他们提出的要求我们停止与印度群岛地区人民进行商业贸易的不正当条件，我曾在《捕获法》的一个部分中说明，这既不符合法律，也没有任何法律依据。因此，我决定以《海洋自由论》为标题单独出版该书的那一部分。我的目的是希望我们的同胞鼓起勇气，不要放弃明显地属于他们的权利，并且希望看到当西班牙最重要的论点被驳倒和西班牙人的特权被剥夺以后，他们是否会在这个问题上采取稍微宽容的立场。应该说，我的这两个目的都达到了。"〔1〕

《海洋自由论》的中心思想是"海洋自由"。格劳秀斯通过对各种理论和观点的分析、论证和辩驳，雄辩地说明海洋不处于任何国家的主权之下，也不属于任何国家的管辖范围；海洋向所有国家、民族和个人开放，任何国家、民族和个人都有在海上进行航行和贸易的自由；海洋是大自然创造的全人类的共有物，任何国家、民族或个人都不能根据时效或习惯取得对它的所有权。格劳秀斯站在新独立的荷兰国家和荷兰新兴资产阶级的立场上，通过对"海洋自由"理论的阐述，以实现打破葡萄牙和西班牙对东

---

〔1〕 参见 ［荷］格劳秀斯著，［美］弗朗西斯·W.凯尔西等英译，马呈元译：《战争与和平法》（第1卷）（修订版）"序文"，中国政法大学出版社2018年版，第18页。

方海上航行和贸易的垄断、促进荷兰在东方的商业和殖民扩张的目的。客观地讲，格劳秀斯"海洋自由"的观点反映了资本主义生产方式的要求，有利于推动航行自由和贸易自由，符合历史发展的趋势。

此外，可以确定的是，格劳秀斯最伟大的著作《战争与和平法》是在《捕获法》的基础上完成的。弗鲁因教授在对《捕获法》和《战争与和平法》之间的关系进行认真细致的研究后指出，读者们可以相信，《捕获法》中的几乎所有内容都被纳入了《战争与和平法》之中，《捕获法》中为了证明或者修饰而引用的所有法律和古代经典著作的片段也都被收入了《战争与和平法》之中；更为重要的是，作为这两部著作的基本内容，它们具有相同的法律体系。[1]

四、翻译说明

关于本书的翻译，有必要说明以下几点：

（一）英文版本

《海洋自由论》的英文版本采用的是美国约翰·霍普金斯大学希腊及罗马史副教授拉尔夫·冯·德曼·马戈芬博士根据1633年出版的拉丁文版《海洋自由论》修订本翻译，并由牛津大学出版社1916年出版的版本。《海洋自由论》是"卡内基国际和平基金会"组织并资助翻译出版的"国际法经典著作"（the Classics of In-

---

〔1〕 参见 ［荷］格劳秀斯著，［美］弗朗西斯·W.凯尔西等英译，马呈元译：《战争与和平法》（第1卷）（修订版）"序文"，中国政法大学出版社2018年版，第37页。

ternational Law）中的一部，也是"国际法经典著作"系列收录的格劳秀斯的三部著作之一（另外两部是 1925 年出版的《战争与和平法》和 1950 年出版的《捕获法》）。

（二）注释

中译者把《海洋自由论》英文版本中的脚注全部译成了中文。另外，根据"英译者序言"中的说明，英译者对原拉丁文本中的脚注做了补充，并将补充的内容放在普通方括号［ ］中。在英译本脚注的基础上，中译者亦对脚注部分做了必要的补充，补充的内容被置于加黑的方括号【 】中（正文中亦有少数补充说明被置于加黑的方括号【 】中）。补充的原因一是由于原来英文版本中的部分脚注只有引文作者名称及作品的"卷""章""节"序号，如 II，v，12 或 VII，229~230，但缺少作品名称，因此，中译者根据《战争与和平法》中的"引文作者索引"和《简明不列颠百科全书》的有关条目对其进行了补充完善，对于个别最终未能查明的著作或法典，则注明"著作名称不详"或"法典名称不详"；二是由于《海洋自由论》中文译本中的"中译者注"只对正文中出现的人物、地区等做了介绍，因此，对于脚注中出现的人物，有必要在脚注中做简单的介绍。另外，脚注中补充的内容还包括某些中译者认为必要的说明。

（三）中译者注

《海洋自由论》的写作距今已有 400 多年，书中一些人名、地名和事件等鲜为现代人所知。为便于读者的阅读理解，中译者撰写了"中译者注"条目，旨在对正文中出现的主要的人名、地名或事件等做简单的介绍；只在脚注中出现的作者，没有被列入

"中译者注"之中。"中译者注"中的注释选至权威文献资料或信息来源：首先是《简明不列颠百科全书》；其次是《中国大百科全书》（第2版）；最后是"维基百科"（wikipedia）和其他来源。每一条"中译者注"条目的后面均在圆括号（）中标明该注释的出处，以便读者需要时查阅其详细内容。"中译者注"置于各章译文之后；全书最后设有"中译者注索引"。

（四）译名及主要参考文献

为保持《海洋自由论》中译本名词的统一，书中出现的人物、地区、作品、事件等的译名主要以《简明不列颠百科全书》和《中国大百科全书》（第2版）所用名词为准。上述两部百科全书没有收录的，以《世界人名翻译大词典》和《世界地名翻译大词典》中的译名为准。

《海洋自由论》中有的地方引用了《圣经》的内容。《圣经》的中文译文以《圣经》（新旧约全书和合本）为准。

中译者在对本书进行翻译和撰写"中译者注"条目时使用的主要参考文献如下（除书名外，正文和"中译者注"条目中不再出现这些作品的其他出版信息）：

1. 《简明不列颠百科全书》，中国大百科全书出版社1985年版。

2. 《中国大百科全书》（第2版），中国大百科全书出版社2009年版。

3. 《世界人名翻译大词典》，中国对外翻译出版公司2007年版。

4. 《世界地名翻译大词典》，中国对外翻译出版公司2008

年版。

5. 日本国际法学会编，外交学院国际法教研室总校订：《国际法辞典》，世界知识出版社 1985 年版。

6. 卢龙光主编：《基督教圣经与神学词典》，宗教文化出版社 2007 年版。

7. 《圣经》（新旧约全书和合本），新加坡及汶莱圣经公会 1992 年版。

8. *New World Translation of the Holy Scriptures*, International Bible Students Association, New York, 1984.

9. *The New Encyclopedia Britannica*, Encyclopedia Britannica, Inc., 2010.

10. *Black's Law Dictionary*, Tenth Edition, West Publishing Co., 2014.

11. *Cassell's Latin Dictionary*, Wiley Publishing, Inc., New York, 1977.

中国政法大学廖敏文教授担任了本书的译审。廖敏文教授在英语和法学两方面均有很深的造诣。她对待译审工作认真负责，在译稿的审读和修改方面付出了大量心血和劳动，并提出了许多中肯和正确的意见及建议。廖敏文教授的译审工作对提高本书的翻译质量起到了至关重要作用，与此同时，中译者亦获益良多。

2005 年，上海人民出版社出版了马忠法博士翻译的《论海洋自由或荷兰参与东印度贸易的权利》。读者可在比较的基础上进行阅读。

《海洋自由论》是格劳秀斯发表的第一部法学著作，亦是重要

的国际法名著之一。2018 年，中译者翻译的《海洋自由论》第一
版由中国政法大学出版社出版。经商定，中国政法大学出版社决
定在对第一版进行修订的基础上，出版本书的修订版。在本次修
订过程中，中译者对照《海洋自由论》的英文译本，再次对全书
进行了认真的审读，除对第一版译文中发现的误译之处予以纠正
以外，还对全部译文做了必要的推敲和润色。不过，鉴于中译者
能力有限，虽竭尽全力，译文的不足之处仍在所难免，希望读者
在阅读原文的基础上提出宝贵意见。

马呈元

2021 年 3 月

于北京

目　录

英译本序言

1914 年 8 月以来，交战国和中立国一直在喋喋不休地谈论"海洋自由"的问题。看起来，现在是首次用英文出版格劳秀斯主张和诠释"海洋自由"，并努力促使其成为现实的那一部著名拉丁文著作的时候了。[1]

这一本于 1608 年 11 月匿名出版的篇幅不长的著作的名称《论海洋自由或属于荷兰的参与东印度贸易的权利》本身说明了作者写作它的原因。作为一个公开的秘密，它是由年轻的荷兰学者和律师格劳秀斯完成的。不过，直到 1868 年，这样一个秘密才大白于天下，即《海洋自由论》只是格劳秀斯在 1604～1605 年之交的

---

[1] 关于海洋自由以及格劳秀斯与这一学说的关系，参见恩斯特·尼斯：《国际法的起源》（1894 年法文版），第 379～387 页；恩斯特·尼斯：《国际法与政治法研究》"系列丛书之二"（1901 年法文版），《论战争》，第 260～272 页。关于这一方面的英文论述，参见沃克：《万国法的历史》（第 1 卷）（1899 年），第 278～283 页。

关于对《海洋自由论》杰出的作者有趣的简介，参见摩特利：《巴讷费尔德的约翰之生平》（第 2 卷）第二十二章。

关于对格劳秀斯万国法思想的分析，参见哈勒姆：《欧洲文学导论》（第 4 版）（第 2 卷）第三部分第四章第三节。

关于对格劳秀斯作为一名人道主义者的论述，参见桑迪思：《古典学术史》（第 2 卷）（1908 年），第 315～319 页。

冬季写作完成的《捕获法》一书的第十二章。该书的手稿于1864年首次被发现,并于四年之后面世。[1]

　　《捕获法》的出版具有重要意义,因为它表明《海洋自由论》的作者在写作该书时已经成为一名成熟的国际律师。与此同时,它确定无疑地证明,1625年出版的格劳秀斯伟大的著作《战争与和平法》不是一部匆忙草就的作品,而是他20多年甚至更长时间以来的研究成果的顶点和结晶。更重要的事实是,《捕获法》和《海洋自由论》都不是一种哲学性的研究,因为格劳秀斯显然受雇于荷兰东印度公司,¹并力图证明1602年【应为1603年——中译者注】该公司的船只在马六甲海峡捕获葡萄牙一艘大型帆船的行为具有正当性。包括《海洋自由论》作为其中一章的《捕获法》本质上是一篇辩护状。同时,那一部首次系统地论述万国法的著作——《战争与和平法》——不但是一项具有哲学意义的研究成果,而且它来自一个真实的案例。它是格劳秀斯运用其专业知识进行法庭辩论的直接结果。[2]

----

　　[1]《雨果·格劳秀斯的捕获法》一书由 H.G.哈马克尔编辑并撰写"序言",并由马丁努斯·尼杰霍夫于1868年在海牙出版。

　　[2] 为了支持这种观点,即格劳秀斯因在荷兰东印度公司的船只实施的捕获行为引起的案件中担任辩护律师而服务于该公司以及《捕获法》实际上是一份法律辩护词,可参考 R. 弗鲁因的论文"格劳秀斯的一部未公开的著作",载 R. 弗鲁因:《拾遗集》第3卷(荷兰文版),第367~445页。以下段落选自这一篇著名的论文:

　　"在忙于出售那些(在阿姆斯特丹军用码头卸下的来自被捕获的'凯瑟琳号'商船上的)货物的同时,海事法庭正在以正常程序进行关于这一批战利品的诉讼。主张权利的各方包括荷兰总检察长、八名市议会议员和海姆斯凯尔克海军上将;……1604年9月9日星期四,海事法庭作出了最终判决。法庭在判决中宣布:'被捕获的商船和船上的货物应当被全部没收和充公。'"(第389~390页)

　　众所周知，当时，西班牙人对太平洋和墨西哥湾提出了权利主张，葡萄牙人也以同样方式对摩洛哥以南的大西洋和印度洋提出了权利主张。在那一时期，西、葡两国处于一个共同的主权者之下，它们主张并竭力行使权利排除所有外国人进入上述水域或者在其中航行。尽管从法律上讲，当时正在和西班牙交战的荷兰人并未与葡萄牙人处于交战状态，但 1589 年荷兰人已经在毛里求斯建立了定居点。不久后，他们又在爪哇[2]和摩鹿加[3]建立了定居点。1602 年，荷兰东印度公司成立。由于荷兰东印度公司试图在东印度群岛[4]地区从事贸易活动，因此，它的船队和葡萄牙人在东方从事贸易的船队处于竞争状态。受雇于荷兰东印度公司的海姆

（接上注）

　　"在某种程度上，赫尔修斯为我们提供了因为海军部大楼的火灾从而使我们无法获得的文件的替代资料。除了其他记录以外，赫尔修斯在他的著作《第八次航行》中为我们保留了我们无法从其他来源获得的法庭对本案的判决。通过他的记录，我们了解到主张权利的各方提出的要求法庭判决这些被捕获的货物属于合法战利品的理由。与格劳秀斯在《海洋自由论》中的论述一样，这些理由共有十二条……这两者之间的一致性可以被理解为格劳秀斯一定知道法庭对本案所作的判决。他不是一个只是复述在他本人之前亲身见证过该案的其他人讲过的话的人。我倾向于认为在该案的诉讼过程中，他作为辩护律师为荷兰东印度公司提供了服务，而且他本人就是法庭判决书所依据的那些书面主张的作者之一。因此，如果说他在《捕获法》中是用更长的篇幅进一步详细论述了自己在该案的审理中已经提出的主张，人们不应该对此感到惊讶。"

　　"我不能确定地讲格劳秀斯是在荷兰东印度公司董事们的劝说之下才写作这一篇辩护词的；我未能找到任何证据来证明这一点。不过，格劳秀斯后来在写给他兄弟的一封信中说道，他与荷兰东印度公司有密切的关系。毫无疑问，格劳秀斯在写作他的著作时利用了东印度联合公司及其前身的档案资料。另外，假如我在其他地方斗胆作出的这种假设是正确的，即在该案的诉讼过程中，格劳秀斯是东印度公司的辩护律师，那么，他很可能是在征求公司董事们的意见后开始了本书的写作，并且把它作为代表他们所作的进一步的辩护。"

斯凯尔克[5]船长在马六甲海峡[6]捕获了一艘大型的葡萄牙帆船。因为与东印度群岛进行贸易是一回事，而捕获葡萄牙船只则是完全不同的另一回事，所以，荷兰东印度公司的一部分人拒绝接受分配给他们的捕获的货物，另一部分人则卖掉了他们持有的公司股票，还有一部分人考虑在法国建立一个新的公司，以便在法国国王亨利四世[7]的保护下和平地进行贸易，并避免采取任何军事行动。由此可见，这一事件非同小可，而格劳秀斯似乎接受了荷兰东印度公司的法律咨询并写作了一部关于捕获法的著作。该书本质上是一篇辩护状，确切地讲，是一份律师的法律意见书。[1]

　　1608 年，荷兰和西班牙开始谈判。作为谈判的结果，双方于 1609 年 4 月 9 日达成了为期 12 年的《安特卫普停战协定》。在谈判中，西班牙人试图从荷兰联省共和国[8]方面得到其放弃在东印度群岛和西印度群岛[9]地区的贸易权的保证。由此可见，似乎荷兰东印度公司认为有必要请求格劳秀斯发表他的辩护状中有关海洋自由的部分。正是在这种情况下，格劳秀斯对《捕获法》中海洋自

---

〔1〕　关于格劳秀斯本人对这一件事的叙述，参见格劳秀斯：《腓力国王去世及 1609 年休战以来荷兰的编年与历史》（第 1 卷），第 429 页。该书写于 1612 年，但到 1658 年才第一次出版。

　　关于这一部有关捕获法的著作写作背景的更详细的叙述，参见哈马克尔编辑的《捕获法》第 7~8 页。著名历史学家和学者罗伯特·J. 弗鲁因在对所有证据进行充分审查后告诉哈马克尔，格劳秀斯受聘于荷兰东印度公司并准备对捕获法做出评论。哈马克尔原话的英文译文是这样的："按照弗鲁因的观点，他（格劳秀斯）是根据荷兰东印度公司的建议进行这一项工作的，而且在这个问题上，他似乎是该公司的发言人。"

　　对《捕获法》的评论及其写作背景的分析，参见尤利斯·巴斯德温特在对格劳秀斯进行研究后所作的论述，第 131~137 页和第 155~179 页，载皮里特：《国际法基础》（1904 年法文版）。

由的内容做了必要的修改，以使它能够独立成篇，并以《海洋自由论》的书名出版。

我们应该看到，《海洋自由论》的写作旨在反驳西班牙人和葡萄牙人对海洋以及排除外国人从事海洋活动的不正当主张。不过，虽然《海洋自由论》没有提及英格兰对海洋的权利主张，但是，英格兰对海洋的主张同样不具有正当性，尽管它要求的范围相对较小。因为假如说格劳秀斯的观点是正确的，那么，英格兰人对英格兰南部和东部的海洋区域以及尚未明确界定的北部和西部海洋区域的权利主张也属于格劳秀斯反驳的对象。正因为如此，英格兰的著名律师、学者和公法学家约翰·塞尔登[10]挺身而出，为维护英格兰的利益，他于1617年或1618年写作了《闭海论》【亦译作《海洋封锁》——中译者注】一书，以驳斥格劳秀斯在《海洋自由论》中的观点，尽管该书直到1635年才正式出版。[1]

塞尔登在《闭海论》致英格兰国王查理一世[11]的献词中写道：

---

〔1〕 塞尔登的《闭海论》并不是唯一一部为英格兰进行辩护的著作，《海洋自由论》也不是格劳秀斯捍卫海洋自由的绝无仅有的投枪。1613年，阿伯丁大学市民法教授威廉·威尔沃德【苏格兰法学家（1578～1622）——中译者注】出版了一本名为《简明海洋法全书》的小册子。在该书中，他对英格兰的立场表示支持。该书第27篇第61～72页论述了海上共同体和海洋财产的问题。两年以后，威尔沃德出版了他的第二本著作《论对无主海洋的管辖权与主权——特别是对临近海域的权利主张》。这一本著作是他用拉丁文完成的。

对于威尔沃德的第一次攻击，格劳秀斯准备做出回应，他写了《反驳市民法教授威廉·威尔沃德在其用英文写作的〈简明海洋法全书〉第27篇中对〈海洋自由论〉的攻击》一文，但该篇文章并没有发表。它与格劳秀斯《捕获法》的文稿同时被发现，并于1872年发表在穆勒用荷兰语出版的《闭海论——十七世纪英格兰与尼德兰之间交锋的巨大历史贡献》之中。

"有些外国学者迫不及待地要把属于陛下您的位于东方和南方更远处的海洋划归他们自己国家的范围;还有极少数人遵循古罗马凯撒时代法学家们的观点,竭力论证或违背理性轻率地主张所有海洋都是普遍地属于全人类共有的。"塞尔登的著作旨在说明这样两个意义:第一,"根据自然法或万国法,海洋不是所有人共有的。像陆地一样,海洋能够被私人占有,或者成为私人财产"。第二,"大不列颠国王是海洋之王,四处流淌的海洋是大不列颠王国不可分离的永久的附属品"。

　　按照尼斯【应为恩斯特·尼斯[12]——中译者注】教授诙谐的说法,在这场文人之间进行的战争中,荷兰学者战胜了他的英格兰对手。即使不能说格劳秀斯驾驭知识像"花儿一般轻盈灵巧",但相比之下,塞尔登的论述的确过于拖沓臃肿。《海洋自由论》是一部开放进取的著作,《闭海论》则是一部固步自封的作品。如果把《捕获法》第十二章比作一艘大船,可以说,它正在遍布失事船只残骸的波诡云谲的海面上乘风破浪,勇往直前,而其笨拙的对手则在进水后艰难前行,最终沉入海底。

　　在塞尔登写作完成《闭海论》约 200 年后,他最杰出的同胞之一威廉·斯科特[13] 爵士,即后来的斯通维尔勋爵,在 1817 年的"路易斯号案"[《多德森判例汇编》(第 2 卷),第 210 页]的判决中反驳了英格兰可以在从其海岸量起一里格[14] 以外的海域行使管辖权的主张。他在该案的判决中写道:

　　"我必须指出,以下两项公法原则已经被普遍承认为基本的法律原则:

　　第一,所有得到明确承认的国家都是完全平等和独立的,相对强大的国家不会因此而取得不同的权利；相对弱小的国家，无论这种弱小是长期还是暂时的，也不会给予其更强大的邻邦额外的权利。任何凭借实力攫取的利益不啻一种掠夺。这是公法的重要基础。公法主要关注的是通过集体的智慧和个体的能力以维护人类和平不受侵犯。

第二，所有国家一律平等，它们都拥有在未被占领的海洋区域不受干扰地进行航行的平等权利。在各国臣民基于完全的平等和独立聚集在一起的目前尚不存在地方权力机构的地区，任何国家或其臣民都无权假设其拥有针对另一国臣民的权力，或者可以行使这种权力。"

下面援引的塞尔登在《闭海论》"序言"结尾之处所说的话非常适合作为本主题的结束语，尽管其意义可能恰好相反：

"到处都有其他同样的研究方向，但我却对这个十分明确的问题作了详细的论述。由此看来，我应当克制自己，不要在阳光下点燃一支蜡烛。

再见，各位读者！"

国际法项目分部主任

詹姆斯·布朗·斯科特[15]

华盛顿，哥伦比亚特区

1916 年 2 月 28 日

中译者注

1 荷兰东印度公司　Dutch East India Company，亦称"东印度联合公司"（United East India Company）：17~18 世纪在东印度群岛地区具有重要影响的荷兰公司。它是荷兰人于 1602 年成立的，其目的是保护荷兰在印度洋地区的贸易并对荷兰脱离西班牙的独立战争提供援助。荷兰政府授予该公司从好望角到麦哲伦海峡广大海域的贸易独占权，它有权与当地首领签订条约，建筑要塞和拥有军队，并通过向荷兰政府宣誓效忠的官员行使行政管理职能。到 18 世纪时，荷兰东印度公司从一个贸易和船运企业变成了在印度尼西亚群岛从事农业生产的松散组织。由于它日益腐败和负债累累，1799 年被荷兰政府解散。（*The New Encyclopedia Britannica*，Vol. 4，p. 299.）

2 爪哇　Java：印度尼西亚岛屿。它位于马来海和苏门答腊东南，婆罗洲南方和巴厘岛西面。它是印度尼西亚第四大岛，面积 50 574 平方千米，首都雅加达亦位于该岛。全岛分为西爪哇、中爪哇和东爪哇三个省，还有大雅加达首都、日惹两个特区。它是世界上人口最稠密的地区之一。（《简明不列颠百科全书》第 9 卷，第 382~383 页。）

3 摩鹿加　Moluccas：马来群岛中一个属于印度尼西亚的群岛。它的面积约 74 504 平方千米，大部分岛屿多山，地震频繁。它在行政上由马鲁古省省会安汶管辖，居民种族成分复杂。1512 年葡萄牙人到达这里，后荷兰人在此建立统治。18 世纪末香料贸易衰落后，该地区经济陷入停滞。（《简明不列颠百科全书》第 6 卷，第 27 页。）

4 东印度群岛　The East Indies：地理名称。它既可指印度尼西亚共和国诸岛（前称荷兰印度群岛或荷属东印度群岛），又可指马来群岛的全部岛屿，还可指上述岛屿加上全部东南亚和印度的整个地区。现习惯上指亚洲大陆和澳大利亚之间的马来群岛。（《简明不列颠百科全书》第 2 卷，第 670 页。）

5 海姆斯凯尔克　Heemskerck, Jacob van（1567. 3. 13~1607. 4. 25）：荷兰探险家、海军上将。他曾经指挥船只在巴伦支海域航行，寻找从北极到印度的航线，但船只在绕过新地岛后陷入冰层，船上的人员不得不在岛上度过 1596~1597 年的冬季。1598 年，他任海军中将，前往东印度群岛进行贸易。1600 年，他任海军上将。1607 年，他担任舰队总司令，在直布罗陀以外的海面上指挥对西班牙舰队的海战中阵亡。（《简明不列颠百科全书》第 3 卷，第 647 页。）

6 马六甲海峡　Strait of Malacca：连接安达曼海（印度洋）和南海（太平洋）的海道。它的西岸是印尼苏门答腊岛，东岸是马来半岛，长 500 英里，是印度和中国之间的最短航道，也是世界上通航量最大的海道之一。16 世纪以来，它先后被葡萄牙、荷兰和英国控制。1971 年 11 月 16 日，海峡沿岸国马来西亚、新加坡和印度尼西亚发表联合声明，宣布三国将共同管理海峡事务。（《简明不列颠百科全书》第 5 卷，第 622 页。）

7 亨利四世（法国的）　Henry IV of France（1553.12.13~1610.5.14）：法国波旁王朝第一代国王。他是旺多姆公爵安托万·德·波旁之子，13 岁接受军事教育，16 岁开始经历战火洗礼。1572 年他通过联姻成为纳瓦拉国王和贝阿恩的领主。1589 年 8 月法国国王亨利三世去世后，他登上王位。当时的法国一片混乱，他费了 9 年时间才平定了自己的王国。在他的统治下，法国逐渐复兴起来。（《简明不列颠百科全书》第 3 卷，第 785~786 页。）

8 荷兰联省共和国（正式名称为尼德兰联省共和国）　Dutch United Provinces（1579~1795）：荷兰王国的前身。它由北尼德兰的 7 个省组成，疆域约相当于今天的荷兰王国。17 世纪时，它是世界强国之一，曾夺得许多殖民地。它当时是世界金融中心，并为艺术家、作家、科学家和哲学家提供了文化荟萃的场所。1795 年，它因国内发生革命和法国军队入侵而土崩瓦解。（《简明不列颠百科全书》第 3 卷，第 726 页。）

9 西印度群岛　The West Indies：地理名称。它指墨西哥湾、加勒比海与大西洋之间的岛群。"西印度"一词由西班牙人首先使用，以与葡属东印度相区别，指从欧洲向西航行所到达的全部区域。后来，它局限于指西班牙在加勒比群岛的殖民地，现在则用以指当地所有岛屿。传统上，西印度群岛分为三个地区：巴哈马群岛、大安的列斯群岛和小安的列斯群岛。其中，大安的列斯群岛包括古巴岛、牙买加岛、海地岛和波多黎各岛，陆地面积和人口均约占整个群岛的 90%。（《简明不列颠百科全书》第 8 卷，第 440 页。）

10 约翰·塞尔登　John Selden（1584.12.16~1654.11.30）：英国法学家、文物学

家、东方学家和政治家。他是英格兰文物研究会的领导人士，1612 年取得律师资格。他的第一部主要著作《荣誉称号》（1614）一直是一部有用的参考书。他获得东方学家的声誉有赖于《辛达格马塔海湾散记》一书和后来论述古代犹太人的历法、婚姻法和司法行政管理问题的一些著作。他为英格兰国王写了《海洋封锁》一书，证明一个国家对公海统治的合理性，以反驳格劳秀斯的《海洋自由论》。他曾两度因支持下议院反对国王查理一世而被囚禁。（《简明不列颠百科全书》第 6 卷，第 871 页。）

11 查理一世（大不列颠）　Charles I of Great Britain（1600. 11. 19 ~ 1649. 1. 30）：英国和爱尔兰国王（1625 ~ 1649）。他是苏格兰詹姆斯六世之子，1625 年 3 月登基。他与国会关系恶化，曾多次解散国会，但在 1641 年被迫同意"未经国会认可不得解散国会"的提案。1644 年 1 月，支持国会的苏格兰军队开进英格兰对抗查理一世。1645 年 6 月 14 日，由费尔法克斯爵士和克伦威尔率领的新模范军在内兹比战役中击败他的军队。1649 年 1 月 27 日，威斯敏斯特特设高等法庭作出判决，将他作为暴君、叛国者、杀人犯和人民公敌处死。（《简明不列颠百科全书》第 2 卷，第 215 ~ 216 页。）

12 恩斯特·尼斯　Ernest Nys（1851. 3. 27 ~ 1920. 9. 4）：比利时律师和布鲁塞尔大学国际公法教授。他曾在根特大学、海德堡大学、莱比锡大学和柏林大学学习法律，后在安特卫普和布鲁塞尔从事律师业务。1898 年他在布鲁塞尔大学任国际公法教授并曾任法学院院长。他的主要兴趣是研究国际法发展史并翻译了英国法学家约翰·威斯特里克等人的著作。他长期担任常设仲裁法院仲裁员。为表彰他在国际仲裁方面做出的贡献，从 1906 年至 1916 年以及 1919 年，他被提名为诺贝尔和平奖候选人。他是国际法研究院研究员，先后被牛津大学、爱丁堡大学和格拉斯哥大学授予荣誉博士。（http://en. wikipedia. org/wiki/Ernest_Nys. ）

13 威廉·斯科特　William Scott（1745. 10. 17 ~ 1836. 1. 28）：英国著名法官和法学家。他出生在纽卡斯尔附近的村庄赫沃斯，曾在牛津大学基督圣体学院就读，直到 1776 年才开始系统地学习法律。从事法律职业后，他进步很快，1798 年出任高等海事法院法官。在此期间，他审理了两起有关废除奴隶贩卖的重要案件，即"多纳·马里安纳号案"和"路易斯号案"。在后一起案件中，他指出，对"路易斯号"的拦截和登临是非法的，因为"除了基于交战国的主张以外，任何国家均不得在可以共同利用且不属于任何国家的海洋区域行使临检权"。（http://en. wikipedia. org/wiki/William_Scott. ）

14 里格 League：一种长度单位。葡制一里格为 6000 米，用于航海计程为 5557 米；英制一里格为 5000 米，约等于 3 英里。

15 詹姆斯·布朗·斯科特 James Brown Scott（1866.6.3~1943.6.25）：美国法学家和法律教育家、和平运动领导人、国际仲裁早期主要倡导人之一。他在建立海牙国际法研究院（1914）和常设国际法院（1921）方面发挥了重要作用。他也是美国国务院法律顾问和卡内基国际和平基金会秘书长，美国国际法学会的创建者（1906）和主席（1929~1939）。（《简明不列颠百科全书》第 7 卷，第 430 页。）

英译者序言

一、拉丁文本

本译文依据的拉丁文本是 1633 年的埃尔泽菲尔[1] 版本，对其进行的修改只是为了使拉丁文本与今天的图博纳[2] 版本和牛津版本相一致。

注释中经典著作作者们的参考文献采取非缩略的形式，其他方面以《拉丁语词典》[3] 的"索引"为准。书中引用的市民法的内容按照现代用法标注，其后的括号中使用过去的参考文献标注方法。市民法的内容采用蒙森[4]、克鲁格、舍尔和克罗尔的文本。教会法引自 1879～1881 年弗雷德伯格[5] 编辑的文本。文中使用的缩略语参见后面的解释。

二、翻译说明

英译者希望在此对所引用的部分段落的标准译本的经典著作作者们表示感谢，注释中的参考文献也来自这些标准译本。译者还参考了 A. 圭春·德·格兰德庞特 1845 年翻译的格劳秀斯著作的法文文本。不过，译者在这里主要希望感谢我的同事和朋友约翰·霍普金斯大学的科比·弗劳尔·史密斯教授。史密斯教授通读了本书的译文，在许多晦涩难懂的段落的翻译中，他的拉丁文知识以及对英文的理解使译者受益匪浅。本书译文中的诸多精彩之处应当归功于史密斯教授，而其中的谬误则应当由译者本人负责。

英译者同样需要感谢约翰·霍普金斯大学的维斯特尔·伍德伯里·威洛比教授。威洛比教授耐心阅读了译文的连张校对稿，他的法律专业知识对译者大有裨益。另外，感谢美国天主教大学的沙罕大主教，他花费自己宝贵的时间帮助译者还原了格劳秀斯著作中引用的几个神学或教会法学作者作品的缩略语。最后，感谢译者在约翰·霍普金斯大学研究希腊语的同事约翰·科莱特·马丁，他在参考文献的审核方面给予译者很大的帮助。

三、缩略语表

1. Auth. ——Authenticum《查士丁尼法典》[6]

2. Clem. ——Constitutiones Clementis Papae Quinti《教皇克雷芒五世教令集》[7]

3. Dist. ——Distinctio Decreti Gratiani《格拉提安教令集》[8]

4. Extravag. ——Constitutiones XX D. Ioannis Papae XXII《教皇约翰二十二世教令集》[9]

5. Lib. VI——Liber Sextus Decretalium D. Bonifacii Papae VIII《教皇卜尼法斯八世教令集》[10]，亦称《天主教教会法典大全·第六卷》[11]

对于其他缩略语，读者应当不存在理解上的困难。

四、注释说明

拉丁文本中单词和短语的大写字母以埃尔泽菲尔版本为准。

为使原文和译文能够保持其完整性，译文后面的注释在原文注释的基础上根据需要采取了缩写、还原或者既缩写又还原的形式。

译文或注释中方括号［］内为英译者补充的内容。

中译者注

1 埃尔泽菲尔　Elzevir（1581～1712）：荷兰世代经营书店、出版业和印刷厂的家族。该家族的第一个成员路易（约1546～1617）于1581年左右移居莱顿经营书店。1622～1652年莱顿的业务达到鼎盛时期，其儿子和孙子成为大学印刷承包人。该家族其他成员在海牙、乌得勒支和阿姆斯特丹设立了分支机构，并均以家族为招牌。该家族出版的书籍印刷精美、设计讲究，昔日流行于荷兰，现被收藏家视为珍品。（《简明不列颠百科全书》第1卷，第185页。）

2 图博纳　Teubner（1784～1856）：印刷出版业著名人物。他于1811年成立莱比锡出版社，资助印刷出版希腊文和拉丁文作品，形成了图博纳系列藏书。该系列藏书包括了大多数著名作家用希腊文和拉丁文写作的经典著作，具有重要的学术研究和收藏价值。（http://en.wikipedia.org/wiki/Bibliotheca_Teubneriana.）

3 拉丁语词典　Thesaurus Linguae Latina：由德国柏林、格丁根、莱比锡和慕尼黑等大学以及维也纳大学合编并在莱比锡出版的现代最重要、最权威的拉丁语词典。它的词条选用从古代到2世纪中叶安东尼时代作家的引例，并从7世纪以前所有作家的著作中选取一些章节用作解释，因而是一部完备的拉丁语词典。该词典从1900年开始出版，2010年出版了P卷分册，计划到2050年全部完成。（http://en.wikipedia.org/

wiki/Thesaurus_Linguae_Latina；《简明不列颠百科全书》第 5 卷，第 12 页。)

4 蒙森　Mommsen（1817. 11. 30~1903. 11. 3）：德国作家。他的学术名著和文学杰作《罗马史》使他在德国学者中深孚众望，享誉全球，并于 1902 年获得诺贝尔文学奖。1838~1843 年，他在基尔大学攻读法律。当时，德国学者主要研究罗马法，这对他后来的研究方向产生了重要影响。1844~1847 年，他前往意大利学习。后来，他在莱比锡大学、苏黎世大学、柏林大学担任法学和哲学教授。他在学术上最伟大的成就是 1871~1888 年间出版的《罗马国家法》。对学术界来说，其意义甚至超过了他的《罗马史》。(http://en. wikipedia. org/wiki/Theodor_Mommsen.)

5 弗雷德伯格　Friedberg（1837. 12. 22~1910. 9. 7）：德国教会法学家。他出生于普鲁士科尼茨的一个犹太家庭，父母加入了普鲁士福音派教会。他在柏林和海德堡接受教育，1869 年任莱比锡大学教授。1879~1881 年，他起草了新版《天主教会法典》。在德国，他在基督教问题的研究方面具有极高的地位，他的许多作品都与教会法的主题有关。(http://en. wikipedia. org/wiki/Emil_Albert_Friedberg.)

6 查士丁尼法典　Authenticum or Code of Justinian，亦译为“《国法大全》”或“《民法大全》”：公元 529~565 年查士丁尼一世主持完成的法律和法律解释汇编。查士丁尼一世（483~565. 11. 14）是拜占庭皇帝（525~565 在位），他继位后不久即于 527 年任命了一个 10 人委员会进行法典的编纂工作。严格来说，《查士丁尼法典》并没有构成一部新的法典，它只是该委员会搜集整理的过去法律的汇编和对罗马大法学家意见的摘录，此外还有法律基本纲要以及查士丁尼自己所立新法的汇编。该法典包括四部作品：(1)《法典》（直译为《敕令集》）；(2)《学说汇编》；(3)《法学总论》（又译为《法学阶梯》）；(4)《新律》。(《简明不列颠百科全书》第 2 卷，第 222 页。)

7 教皇克雷芒五世教令集　Constitutiones Clementis Papae Quinti：法兰西籍教皇克雷芒五世编纂的教会法。克雷芒五世（约 1260~1314. 4. 20）原名德戈特，1305 年在法兰西国王腓力四世操纵下当选教皇。由于腓力不容教会干预世俗事务，他被迫撤销了教皇卜尼法斯八世颁发的一系列通谕。在他的支持下，亨利七世分别于 1308 年和 1312 年当选日耳曼国王和神圣罗马帝国皇帝。他编纂了《克雷芒教令集》，1317 年由下一代教皇约翰二十二世颁行。《克雷芒教令集》是《天主教教会法典大全》的一部分。(《简明不列颠百科全书》第 4 卷，第 758~759 页。)

8 格拉提安教令集　Distinctio Decreti Gratiani or Gratian's Decretum：本笃会修士格

拉提安编纂的有关教会纪律和规则的约 3800 篇文本的汇编。大约在公元 1140 年，格拉提安完成了该汇编，不久它就成为各大学的教会法教师用作讲授和评论的基本教材。它不仅是文本的汇集，而且是一部试图解决各种来源的规则中显然存在的矛盾和分歧的论著。由于最著名的教会法学家对它进行过注释和评论，因而它成为《天主教教会法典》第一部分，而且被用作 1917 年官方编纂教会法的一个重要渊源。(《简明不列颠百科全书》第 3 卷，第 355 页。)

9 教皇约翰二十二世教令集　Constitutiones XX D. Ioannis Papae XXII：教皇约翰二十二世颁布的教令。教皇约翰二十二世（？～1334）原名杜埃兹，生于今天法国的拉奥尔，是教廷被迫迁往法兰西南部阿维尼翁后的第二代教皇（1316～1334）。他和方济各会及神圣罗马帝国皇帝路易四世存在争执，在神学上持非正统观点。他为教廷聚敛了大量财富并加强对教会的集中管理。他在 1322 年和 1323 年两次颁布教令，谴责方济各会关于守神贫的理论，根据《圣经》力证基督和众使徒都拥有财产。(《简明不列颠百科全书》第 9 卷，第 293 页。)

10 教皇卜尼法斯八世教令集　Liber Sextus Decretalium D. Bonifacii Papae VIII：教皇卜尼法斯八世编纂的教会法。卜尼法斯八世（1235/1240～1303.10.11）是意大利籍教皇（1294～1303 在位）。他出身于显贵家庭，曾在博洛尼亚学习法律，后在教廷任职。1294 年，他继塞勒斯丁五世担任教皇。对于教会法的编纂，在教皇格列高利九世 1234 年颁布《格列高利教令集》之后，他于 1298 年命令编纂并发布 1234 年以来历任教皇作出的判决，其中包括他自己的 88 个法律判决；此外还有法律原则的汇编。此次编纂的教会法通称为《教皇卜尼法斯八世教令集》。后来，它被收入《天主教教会法典大全》，成为其中的《第六卷》。直到今天，它仍然是研究教会法的重要资料。(《简明不列颠百科全书》第 2 卷，第 72 页；http://en. wikipedia. org/wiki/Pope_Boniface_VIII。)

11 天主教教会法典大全·第 6 卷　Corpus Juris Canonici, Liber Sextus：《天主教教会法典大全》是天主教会的法典汇编。它共有六卷，为中世纪教会立法的主要依据，1917 年才被《天主教教会法典》所取代。它包括四部正式法令集：1141～1150 年的《格拉提安教令集》，1234 年教皇格列高利九世的教令集，1298 年教皇卜尼法斯八世的《第六卷》，1317 年教皇克雷芒五世的《克雷芒教令集》和两部非正式的教令集。(《简明不列颠百科全书》第 7 卷，第 788 页。)

致基督教世界的统治者与自由独立的国家

　　错误的认识自古有之且令人厌恶。许多有着错误认识的人，尤其是那些凭借其财富和权力具有重要影响且存在错误认识的人自己相信，或者我宁可认为他们试图使自己相信，正义与非正义之间不存在本质的区别，它们的区别仅仅是因为人们在某些方面的看法或者习惯不同而已。基于这一点，他们认为，制定法律和设计形式平等的唯一目的就是为了压制那些生来处于从属地位的人们的异议和反抗，同时确保他们自己处于高高在上的地位，并且能够随心所欲地诠释和施行正义，而这种随心所欲应当只受怎么做对自己有利的看法的制约。尽管这种观点显然非常荒谬且有悖于自然，但它却有着很大的市场。不过，我们千万不要对这种现象感到惊奇，因为我们要考虑到人类共同的弱点。由于这种弱点，人们不但热衷于实施和鼓吹邪恶行为，而且对阿谀奉承的艺术趋之若鹜。与此同时，权力往往会对这样做的人大开方便之门。

　　然而，另一方面，每个时代都有一些人站在时代的前列，他们独立、睿智且信仰坚定，能够把这种错误认识从思想纯洁的人们的头脑中彻底清除出去，并使其拥护者羞愧得无地自容。因为他们指出，上帝是宇宙的缔造者和统治者，特别是作为人类之父，他没有像对待其他生物那样把人类分成各种不同的种群，而是希望他们成为同一个种类并拥有一个共同的名字。此外，他赐予人类相同的起源、相同的肌体结构、分辨彼此面孔的能力以及运用语言和其他方式互相交流的能力，以便人类能够认识到他们之间自然的社会联系和亲属关系。他们还指出，上帝是人类大家庭的最高主宰和父亲；他为自己建立的家庭或国家制定了必要的法律，这些法律不是镌刻在铜板或石板之上，而是铭刻在人类的意识和每个人的心中，甚至那些不愿意受拘束和桀骜不驯的人们也必须了解它们。上帝制定的法律平等地约束伟人和平民，因此，就像普通民众无权对抗行政长官的命令，行政长官无权对抗总督的法令，总督无权对抗国王的敕令一样，国王也无权对抗上帝的法律。基于同样的道理，在上帝制定的法律面前，来源于神法并从神法中获得其神圣效力和不可侵犯性的各个国家和城邦的法律同样无权与之相对抗。

正如有些物品是每个人和其他所有人共同分享的，而其他物品则明显地是个人独有且不属于其他任何人的那样，大自然希望将其创造的某些供人类使用的物品继续属于所有人共有，而其他一些物品则通过每个人的努力和劳动归自己所有。与此同时，大自然制定的法律涵盖了上述两种情形：所有人均可在不损害他人利益的基础上使用共有财产；对于其他财产，每个人应当满足于自己已经取得的部分，并克制自己不去染指他人财产。

既然只要生而为人谁都不能无视这些事实，而且除了从自然之光中得到的启示之外，对任何真理都一无所知的种族也承认此类法律的效力，那么，作为信仰基督教的国家和国王，你们又应当怎么想和怎么做呢?

假如每个人都能认识到,即使是为了神圣的宗教事业,要求一个人把自己的财产贡献出来也是十分困难的,那么,每个人所负的最起码的义务就是克制自己不去实施夺取他人财产的非正义行为。的确,每个人都知道,自己负有不得对他人财产主张权利的义务。你们所有人都公开声称,每个人都有权管理和处置自己的财产;你们所有人都坚持认为,每个公民都享有平等和无差别地利用河流和公共场所的权利;同时,你们所有人都在竭尽全力地维护航行和贸易自由。

如果认为我们称之为国家的小型社会不适用这些原则将无法生存,(而且的确无法生存)为什么同样的原则不是支撑整个人类社会的结构和维持人类社会的和谐所必要的呢?如果有人反对这些法律原则和秩序,你们应该正当地感到愤怒,甚至命令根据情节轻重给予这种犯罪行为应得的惩罚,因为没有任何其他原因比允许这种犯罪的发生更可能动摇政府的稳定了。假如一位国王对另一位国王或者一个国家对另一个国家实施不正当的暴力行为,这种行为将会破坏普遍的和平状态并构成对最高统治者上帝的犯罪。情况难道不是这样吗?不过,此处的区别在于:正如下级行政长官对普通民众进行裁判,你们对下级行政长官进行裁判一样,作为宇宙之王的上帝命令你们明察所有其他人的犯罪行为并对他们实施惩罚;但与此同时,上帝为自己保留了对你们本身所犯罪行实施惩罚的权利。不过,虽然他保留给自己的这种最终惩罚权是缓慢和难以觉察的,然而,它却是无法逃避的。此外,上帝还任命了两位即使是最幸运的罪犯也不能逃脱其审判的法官,那就是良心，即个人内在的自省，与公论，即他人的评价。

良心和公论这两位法官的法庭既向所有被禁止与任何其他人接触之人开放，也向无权无势者所求助之人开放。在这两个法庭上，那些一贯依靠力量取胜的人，那些肆无忌惮不受任何约束的人，那些对以人类的鲜血为代价换来的一切不屑一顾的人，那些以非正义行为对抗非正义行为的人，那些其行为的恶性显而易见因而必将受到善良之人的一致谴责，而且其罪孽在自己灵魂的审判台前亦无法自证清白的人，都将遭遇败诉的下场。

现在，我们将一个新的案件提交给了这两个法庭。事实上，它既不是一个无足轻重的案件，就像私人之间因为邻居房檐上的水流到自己院子里或者因为共用墙的纠纷对邻居提起的案件那样，也不是一个国家之间经常相互提起的与边界线有关的或者涉及对一条河流或一个岛屿的占有问题的案件。不！它实际上是一个关于海洋的整体范围、航行权利和贸易自由的案件。我们与西班牙人在下列问题上存在争端：难道广阔无边的海洋只能是一个国家，况且还不是一个最强大的国家的领地吗？难道一个国家能够拥有阻止其他国家之间进行它们迫切需要的海上航行、以货易货的贸易和实际上的互相交流的权利吗？难道一个国家能够放弃它从来没有拥有的权利或者发现已经属于其他国家的地区吗？难道一种长期存在的明显非正义的行为能够产生一种特殊的权利吗？

在这个争端案件中，我们首先求助于那些特别谙熟神法和人定法的西班牙法学家们，实际上，我们所援引的正是西班牙自己的法律。如果这种做法不具有可行性，而且其认识显然存在谬误的那些人在贪婪欲望的驱使下继续坚持他们的立场，我们将求助于你们的王室，你们的王子、你们诚实信用的品质和你们的人民，无论他们是谁，也无论他们在哪里。

我现在提出的并不是一个神秘莫测或者错综复杂的问题，也不是一个似乎在最晦涩难懂的语言掩盖下的关于神学要点的模糊不清的问题，而对于此类问题，人们已经激烈争论了如此长的时间，以至于有识之士几乎可以断定，其真理从来没有像这样难以被发现，因而只能强求大家接受一种共识。另外，它不是一个关于我们的政府地位的问题，也不是一个不需要以赢得战争胜利的方式而是可以通过恢复原有地位而获得独立的问题。关于这一点，那些能够准确了解荷兰人民古老的法律和世代相传的习惯的人们，以及那些承认荷兰不是一个非法成立的王国，而是存在一个根据法律建立的合法政府的人们可以做出正确的判断。在这个问题上，不再被迫盲从其原先判决的公正的法官已经被说服，许多国家的公共当局亦已完全满足了那些探寻先例之人的要求，而且我们的对手对这一点的承认甚至使那些愚蠢和居心叵测的人们也不再有任何怀疑的余地。

我在这里提出的问题与那些复杂的问题没有共同之处。它既不需要任何繁琐的调查，也不依赖于对其中包含许多普通民众难以理解之事的《圣经》的解释。与此同时，它也不取决于任何一个国家的法律，对于这样的法律，世界其他地区的国家可能一无所知。

必须以此为依据对我们的案件作出判决的法律并不难被发现，因为它在所有国家都是相同的；同时，这种法律也非常容易理解，因为它内在于每一个人并植根于他的心中。另外，我们所诉诸的法律是任何国王都不应当拒绝给予其臣民的，也是任何基督教徒都不应当拒绝给予非基督教徒的，因为这种法律来源于我们所有人共同的母亲——大自然。她施惠于我们每一个人，其支配力扩及国家的统治者，并被那些最恪守正义的人士视为最神圣的法律。

承认本案的起因吧，诸位国王！承认本案的起因吧，每个国家！如果我们的要求不具有正当性，你们知道你们自己和作为我们最近的邻邦的国家对我们拥有什么权力：你们有权对我们发出警告，我们将不得不服从。另外，如果我们在本案的起因中存在任何不法行为，我们不反对你们对这种行为表示愤怒，甚至不反对全人类对这种行为表示厌恶。但是，如果我们的行为是正当的，我们希望你们能够从正义和公平的意识出发，知道应当如何看待这个问题以及应当采取什么行为方式。

在古代那些文明更为发达的民族中，对愿意以公断方式解决争端之人发动战争被认为是最严重的犯罪。与此同时，对拒绝对方要求通过公断这种公平方式解决争端的人，其他所有人将群起而攻之，他们将集中一切资源来征服他，因为他不再是某一个国家的敌人，而是所有国家共同的敌人。为了解决争端，我们看到，他们签订条约并任命公断人。当时的国王和强大的国家通常认为，最侠义和高尚之举是征服桀骜不驯之人和对处于弱势的无辜者提供援助。

今天，如果人们依然能够坚持这种习惯，认为与全体人类息息相关的一切同样与每个人息息相关，那么，我们一定会生活在一个更加和平安宁的世界中。因为许多人的恣意妄为将受到约束，而且那些以形势所迫为借口枉顾正义之人将通过其付出的代价得到行非正义之事的教训。

　　我们感到，也许我们对自己的事业抱有的并不是一种愚蠢的希望。无论如何，我们相信，在对本案的事实进行充分考量之后，你们所有人都会认识到，我们在战争起因的问题上没有任何责任，我们在迟迟未能实现和平的问题上也没有任何责任。另外，迄今为止，你们对我们采取了宽容，甚至是对我们有利的处理方法。我们确定地认为，你们不仅会继续保持这种态度，甚至将来会对我们更加友好。对于相信幸福的要素首先是积德行善，其次是拥有良好声誉的人们来说，没有什么比这一点更值得期待了。

第一章　根据万国法，所有人都享有航行自由

　　我的目的是简明扼要地说明，正如荷兰人——即尼德兰联省共和国的臣民——现在所做的那样，荷兰人有权从事前往东印度群岛的航行，并与那里的人们进行贸易。我的论点的根据是下面一个被称为初级规则或首要原则的最明确和无可置疑且其精神实质是不证自明和永恒不变的万国法基本准则，即每个国家均可自由去往任何其他国家并与之进行贸易。

　　上帝自身借大自然之口阐明了这一原理。由于上帝的意志并没有要求大自然为每个地区都提供人类生活的全部必需品，因此，他命令某些民族在某一行业拥有优势，另外一些民族则在其他行业拥有优势。为什么说这是上帝的意志呢？我们只能说因为上帝希望人类通过相互满足对方的需求和资源共享来促进他们之间的友谊，以免个人在认为自己完全能够自给自足的情况下与世隔绝，拒绝与他人进行交往。由此可见，根据上帝正义的命令，一个民族应当为另一个民族提供必需品。正如罗马学者普林尼（老）[1] 指出的那样，通过这种方式，无论任何地区生产的任何产品似乎都注定是为所有地区的人生产的。[1] 维吉尔[2] 也在他的诗中写道：

----

　　〔1〕　普林尼（老）：《颂词》29，2。

"并非每一种植物都能生长在每一块土地上。"〔1〕

在另一部作品中，他又写道：

"其他人最好铸造大量可以流通的货币吧……"等等。〔2〕

因此，那些否定这种法律的人破坏了人类友谊中这样一条最值得称道的纽带，剥夺了人类相互提供服务的机会。简而言之，这种做法有悖于自然本身。难道上帝创造的环绕整个地球并可在其上四通八达地航行的海洋以及有规律的季风和时而从这里吹向那里，时而又从那里吹向这里的不规则的海风还不足以充分证明大自然赋予了每个民族与其他所有民族互相交往的权利吗？塞内加（小）³认为，大自然为人类提供的最伟大的服务就是通过海风把散居在各地的人民联合起来；同时，因为大自然将其产品分布于世界各地，从而使商业往来成为一项人类必须从事的活动。〔3〕由此可见，航海和贸易是平等地属于所有国家的权利。事实上，最著名的法学家们把这种权利扩大适用于否定任何国家或任何统治者有权实施阻止外国人与其臣民进行交往和从事贸易的行为。〔4〕在此基础上，最神圣的善待外国人的法律即应运而生了。

诗人维吉尔曾经抱怨说：

---

〔1〕　维吉尔：《农事诗》II，109。［德莱登译本，II，154。］

〔2〕　维吉尔：《埃涅阿斯纪》VI，847~853。［德莱登译本，VI，1168~1169］

〔3〕　塞内加（小）：《自然界问题》III，IV。

〔4〕　《查士丁尼法典·法学总论》II，1；《查士丁尼法典·学说汇编》I，8，4；真蒂利：《战争法三集》I，19；《查士丁尼法典·敕令集》IV，63，4。［格劳秀斯特别参考了他著名的先行者阿尔伯里库斯·真蒂利（1552~1608）的著作。真蒂利是一位意大利人，他来到英格兰并被任命为牛津大学的市民法皇家教席教授。他于1558年出版了《战争法三集》一书。］【此处的叙述有误，《战争法三集》是真蒂利在1598年出版的。】

"是什么人，什么怪物，什么没有人性的种族，

是什么法律，什么地方野蛮的习惯，

竟然对一个将被淹死的人封闭荒凉的海岸，

并把我们赶回到危机四伏的大海中去呢?"[1]

在该书的另一处，维吉尔还写道:

"请把超出你的需要之物——共同的水和空气

——与他人分享。"[2]

我们知道，有些战争正是由于这个问题而引起的，比如迈加拉[4]人对雅典人的战争[3]和博洛尼亚[5]人对威尼斯人的战争。[4] 另外，维多利亚[6]认为，如果美洲的阿兹特克人[7]和印第安人确实禁止西班牙人在当地旅行和停留，拒绝给予他们分享根据万国法或者习惯属于所有人的共有物的权利，并最终禁止他们从事贸易活动，那么，西班牙人原本可以说明这些对他们发动战争的正当理由，而且相对于西班牙人声称的理由来说，这些理由貌似更具有

---

〔1〕 维吉尔:《埃涅阿斯纪》I, 539~540。[德莱登译本, I, 760~763]

〔2〕 维吉尔:《埃涅阿斯纪》VII, 229~230。[德莱登译本, VII, 313~314]

〔3〕 狄奥多罗斯·西库鲁斯:【《历史丛书》】XI;普卢塔克:【《希腊罗马名人比较列传》】"伯里克利传"XXIX, 4。[雅典人颁布的法令禁止迈加拉人与雅典或雅典帝国的任何地区进行贸易。这是导致伯罗奔尼撒战争的主要原因之一。]

〔4〕 卡罗·西格尼奥:【《论意大利王国》】。[卡罗·西格尼奥（1523~1584）是一位意大利人文学家，他在自己的著作中记录了这一事件。]

正当性。[1]

我们在摩西[8]的历史中看到一个类似的事例，[2] 而且我们发现奥古斯丁（圣）[9]在他的作品[3]中也提到了这个事例：由于亚摩利人[10]不让以色列人无害通过其领土，因此，以色列人用锋利的刀剑给予他们正义的惩罚。因为根据人类社会的法律，无论从哪个角度来看，允许行使无害通过权都是符合正义的。为了维护无害通过原则，赫拉克勒斯[11]曾经对维奥蒂亚[12]奥尔霍迈诺斯[13]的国王发动进攻；阿伽门农[14]统帅下的希腊人也曾经对密细亚[15]的国王发动进攻。[4] 因为正如巴尔杜斯[16]所说的那样，根据自然法，所有人都可以在公路上自由通行。[5] 与此相同，我们在塔西佗[17]的著作

---

〔1〕　维多利亚：《论印度群岛》II，no.1~7；科瓦鲁维亚斯：《论犯罪》§9，n.4，ibi Quinta。［弗朗西斯科·德·维多利亚（1486~1546）是西班牙著名经院哲学家，多明我会会员。从1521年直到去世，他一直是萨拉曼卡大学的神学教授。他的13篇作品（《论印度群岛》是其中的第五篇）在他死后于1557年出版。1686年的科隆版本被认为是其作品的最佳版本。］

［迭戈·科瓦鲁维亚斯（1512~1577）是西班牙追随巴尔托鲁风格的作家。据信他可能在特伦托会议【天主教会第十九次普世会议】上拟定了有关宗教改革的法令。1762年在安特卫普出版的五卷本著作是其作品的最佳版本。］

〔2〕　《圣经·旧约》"民数记"XXI，21~26。

〔3〕　奥古斯丁（圣）：《言论集》（《〈民数记〉评论》），44；埃斯修斯：【《使徒保罗与天主教会书信评论全集》】c.ult.23，4，2。［埃斯修斯（？~1613）是一位评论使徒保罗的书信和奥古斯丁（圣）的著作的荷兰注释学家。］

〔4〕　［格劳秀斯指的是索福克勒斯的悲剧《特拉基斯少女》，但这可能是来自他自己的记忆，因为该剧中并没有这样的情节。］

〔5〕　巴尔杜斯·德·乌巴尔迪斯：《法律评论》III，293。［巴尔杜斯（1327~1400）是伟大的巴尔托鲁的学生。］【根据《简明不列颠百科全书》"巴尔托鲁"词条中的记载，巴尔托鲁（1313/1314~1357）是意大利佩鲁贾地区的律师和法学教师。他是14世纪中叶意大利北部一批著述罗马法的法学家组成的注释派或评论派中最杰出的人物。】

中看到，日耳曼人指控罗马人“禁止日耳曼人之间的一切往来，并对他们封闭了河流和道路，甚至几乎包括天上的空气”。[1] 在过去基督教徒进行十字军[18] 东征讨伐萨拉森人[19] 的时候，最有说服力和看起来最合理的理由就是异教徒拒绝允许他们自由地去往圣地。[2]

由此可见，即使葡萄牙人对荷兰人航行前往的地区拥有主权，但假如他们禁止荷兰人进入那些地区并禁止在当地进行贸易，他们的行为就是对荷兰人利益的损害。

因此，对于希望相互建立商业关系的国家来说，那些对利益攸关的国家以及连接它们的公路穿过的地区均不拥有主权的国家采取行动阻止它们之间相互往来难道不是对它们的利益更大和更难以估量的损害吗？在大多数情况下，难道不正是由于这个原因，即强盗和海盗攻击和骚扰我们从事贸易的路线，才导致我们诅咒他们的吗？

---

〔1〕 塔西佗：《历史》IV. 64。[他在与内战有关的叙述中讲到了这一件事。]

〔2〕 安德利亚·阿尔西亚提：《评论集》VII，130；科瓦鲁维亚斯：《论犯罪》，第2页，§9；巴尔托鲁：《〈查士丁尼法典·敕令集〉评注》I，11。[阿尔西亚提（1492~1550）曾被皇帝查理五世【神圣罗马帝国皇帝（1519~1556在位）】任命为巴拉丁伯爵，并被教皇保罗三世【意大利籍教皇（1534~1549在位）】授予红衣主教的主教帽。虽然他拒绝接受教皇的任命，但他的确成为一名由非担任主教职务的高级神职人员组成的罗马教廷最高书记团成员。]

中译者注

1 普林尼（老）　Pliny the Elder（23~79.8.24）：古罗马作家。他在罗马接受教育，然后前往日耳曼服役，回到罗马后又研习法律。尼禄统治末期，他在西班牙担任过代理总督；返回罗马后，曾任那不勒斯舰队司令。据记载，他有 7 部作品，但现存只有他搜集整理大量材料编成的《博物志》及其他一些片段。《博物志》成书于公元77 年，共 37 卷，涉及大量自然科学知识。《博物志》及其许多缩写本确立了他在欧洲文学中的地位。（《简明不列颠百科全书》第 6 卷，第 549 页。）

2 维吉尔　Virgil（公元前 70.10.15~前 19）：罗马最伟大的诗人。他出生在意大利曼图亚附近安第斯的一个农民家庭，先后在克雷莫纳、米兰和罗马接受教育。他的声誉主要建立在他的民族史诗《埃涅阿斯纪》上。《埃涅阿斯纪》讲述了罗马传说中的建国者的故事，并宣布罗马负有在神意指导下教化世界的使命。根据《埃涅阿斯纪》的叙述，在特洛伊城被希腊人攻破后，埃涅阿斯出逃并最后在意大利建立了罗马城。该书表现了罗马的民族成就和奥古斯都时代的理想。他还有一部《农事诗》流传了下来。（《简明不列颠百科全书》第 8 卷，第 202~203 页。）

3 塞内加（小）　Seneca（约公元前 4~公元 65）：古罗马雄辩家、悲剧作家、哲学家和政治家。他是罗马著名修辞学导师卢西乌斯·安牛斯·塞内加的次子，公元 1世纪中叶罗马学术界的领袖人物。他曾积极参加政治活动，公元 50 年任罗马执政官，后担任皇储尼禄的教师。他一生创作了许多作品，其中有一些最出色的哲学著作。另外，他还写了一些政治讽刺文章。（《简明不列颠百科全书》第 6 卷，第 890 页。）

4 迈加拉　Megara，亦译为"墨伽拉"：希腊萨罗尼克斯湾沿岸历史悠久的居民区。它现在分属阿提卡和科林斯两个州，其现址位于两座小山的南坡，原为墨伽拉古城的卫城。公元前 8 世纪，它在西西里东岸建立商业殖民地并向北方和东方进行殖民扩张。公元前 630 年以后，它不断与雅典发生冲突，势力渐衰；公元前 4 世纪后又逐渐强盛起来。古罗马灭亡后，它的地位仍很重要。迈加拉哲学学派的创始人、诡辩哲学家欧克莱得斯（约公元前 450~前 380）在该地出生。（《简明不列颠百科全书》第 5 卷，第 674 页。）

5　博洛尼亚　Bologna，亦译为"波伦亚"：意大利北部城市。它是艾米列亚—罗马涅区首府和博洛尼亚省省会。公元前 4 世纪，它被 G.博伊伊占领后成为古罗马殖民地和城市。它于 1506 年并入教皇辖地；1860 年归属意大利。该市有许多大教堂，建于 11 世纪的博洛尼亚大学在 12~13 世纪名望最高。（《简明不列颠百科全书》第 2 卷，第 57 页。）

6　维多利亚　Victoria, Francisco de（约 1486~1546.8.12）：西班牙天主教神学家。他青年时加入多明我会，后被派往巴黎大学学习。1526 年，他被推举为萨拉曼卡大学首席神学讲师。他曾直言批评西班牙殖民者在新大陆的暴行，认为西班牙征服新大陆未必是正义行为，仅仅因为某一民族不信仰基督教或不愿放弃固有宗教即对他们进行战争不能说是正确的。他曾就战争问题发表著作，意在限制战争的恐怖性。（《简明不列颠百科全书》第 8 卷，第 195 页。）

7　阿兹特克人　Aztecs，亦译为"阿兹台克人"：操纳华特尔语的民族，15 世纪和 16 世纪初曾在今墨西哥中部和南部建立一帝国。他们的名称来源于墨西哥北部的地名阿兹特兰。他们在墨西哥中部地区不定居生活达 2 世纪之久，后来才在特斯科科湖岛上的特诺奇蒂特兰建立其政治中心。15 世纪末，该城发展为一个幅员辽阔的帝国的中心。其后在帝国臻于极盛时，西班牙人攻陷特诺奇蒂特兰，并将其夷为平地。（《简明不列颠百科全书》第 1 卷，第 168 页。）

8　摩西　Moses：公元前 13 世纪希伯来人领袖。根据犹太教传说，他是最伟大的先知和导师。早期犹太教和早期基督教的传说认为，他是律法书（即犹太教《圣经》前五卷）的著作者，今天的保守教派仍持这种见解。据《圣经》记载，他的父母属于希伯来人的利未支派。希伯来人已经在埃及生活若干代，但因他们构成对王朝的威胁，某一代法老把他们贬为奴隶。他率领希伯来人离开埃及，摆脱了埃及人的奴役。（《简明不列颠百科全书》第 6 卷，第 35 页。）

9　奥古斯丁（圣）　Augustine, Saint（354.11.13~430.8.28）：古代基督教会最伟大的思想家。他原信奉摩尼教，387 年春在米兰受洗，成为基督教徒。391 年他前往罗马帝国在非洲的领地希波（今阿尔及利亚境内），5 年后任希波主教，在任终身。他孜孜不倦地和摩尼派、多纳图派、贝拉基派等异端分子辩论。他的著作很多，但奥古斯丁主义主要见于他对《圣经·旧约》中的"诗篇"和《圣经·新约》中的"福音书"及"约翰一书"的注释。（《简明不列颠百科全书》第 1 卷，第 345 页。）

10 亚摩利人 Amorites：古代一游牧部族或部族集团。据《圣经·旧约》记载，他们属于迦南之子亚摩利的后裔，是以色列人的凶恶敌人，但与以色列十二支派之一的以法莲人关系密切。他们的活动区域在犹大以南，可能延伸到阿拉伯北部。（《简明不列颠百科全书》第 8 卷，第 796 页；《基督教圣经与神学词典》，第 40 页。）

11 赫拉克勒斯 Heracles：希腊罗马神话中最著名的英雄。他是宙斯和阿尔克墨涅（珀尔修斯的孙女）所生的儿子。宙斯曾发誓说珀尔修斯家族生的下一个儿子将成为希腊的统治者，但宙斯善妒的妻子赫拉使诡计让欧律斯透斯先生下来，并成为希腊国王。他后来被迫成为欧律斯透斯的奴仆，并按照欧律斯透斯的要求完成了 12 件苦差。罗马神话中有许多关于他的故事。（《简明不列颠百科全书》第 3 卷，第 743 页。）

12 维奥蒂亚 Boeotia：古希腊一个具有独特军事、艺术和政治历史的地区。它的范围大约等于今天希腊的维奥蒂亚州。它南临科林斯湾，东濒埃维亚湾，首府莱瓦贾。在古代，维奥蒂亚防御同盟在雅典和斯巴达的对抗中具有突出作用。（《简明不列颠百科全书》第 8 卷，第 192 页。）

13 奥尔霍迈诺斯 Orchomenus：古代维奥蒂亚城市。它位于科皮阿平原北部海峡，是米尼亚王朝的所在地。根据罗马神话传说，赫拉克勒斯曾对奥尔霍迈诺斯王国发动战争，取得胜利后，他与该国的一位公主墨加拉结婚。但他在一次发疯时杀死了自己的妻子和孩子。（《简明不列颠百科全书》第 1 卷，第 336 页；《简明不列颠百科全书》第 8 卷，第 192 页。）

14 阿伽门农 Agamemnon：希腊传说中的迈锡尼王或阿尔戈斯王。他是阿特柔斯和妻子埃洛珀的儿子，墨涅拉俄斯的兄弟。在特洛伊王普里阿摩斯的儿子帕里斯拐走墨涅拉俄斯的妻子海伦后，他领导希腊诸侯联合对特洛伊人发动了一场复仇的战争，即著名的特洛伊战争。攻克特洛伊城后，他回到家乡，但被在他出征期间勾引了他的妻子克吕泰涅斯特拉的埃癸斯托斯和克吕泰涅斯特拉谋杀。他的儿子俄瑞斯忒斯为他复仇，杀死了埃癸斯托斯和克吕泰涅斯特拉。（《简明不列颠百科全书》第 1 卷，第 76 页。）

15 密细亚 Mysia：古安纳托利亚西北部一地区。它北濒马尔马拉海，西接爱琴海。荷马曾提到密细亚人，说他们是特洛伊人最初的盟友。密细亚相继隶属吕底亚、波斯和帕加马。公元前 129 年，它并入罗马的亚细亚行省。（《简明不列颠百科全书》第 5 卷，第 888 页。）

16 巴尔杜斯　Baldus（1327～1400.4.28）：意大利法学家。他出生于佩鲁贾，并在当地学习市民法，17 岁时被录取为攻读市民法博士学位的学生。据说锡耶纳的皮特鲁西乌斯是他学习教会法的导师。他曾先后在博洛尼亚、比萨、佛罗伦萨、帕多瓦和帕维亚讲授法律。他是教皇格列高利十一世的导师。1380 年，教皇乌尔班六世聘他为顾问，帮助乌尔班六世与克雷芒七世进行斗争。他著有《〈学说汇编〉评注》《〈查士丁尼法典〉评注》等书，并撰写了 3000 条法律评论。（http://en. wikipedia. org/wiki/Baldus_de_Ubaldis. ）

17 塔西佗　Tacitus（约 56～约 120）：以其历史著作名垂千古的罗马帝国高级官员。他出生于高卢南部，受过良好教育。他曾先后担任财务官、行政长官等职务，公元 97 年任执政官。他的主要历史著作有《历史》《编年史》《日耳曼尼亚志》等。他的《编年史》以纪年体形式记述了公元 16～68 年的整个朱利亚–克劳狄王朝时代的历史事件；《历史》则记述了 69 年加尔巴当政至 96 年图密善逝世期间的历史事件。他是一位思路清晰的文体家，他的作品发挥了拉丁文生动、有力、富于节奏感的特色。（《简明不列颠百科全书》第 7 卷，第 613 页。）

18 十字军　The Crusades：西方基督教徒组织的反对穆斯林国家的几次远征。为控制圣城耶路撒冷和夺取与耶稣基督尘世生活有联系的一些地区，从 1095 年到 1291 年之间，即从发动第一次十字军东征开始到拉丁基督徒最后被赶出其在叙利亚的基地为止的期间，在教皇和欧洲国家国王的号召和领导下，欧洲基督教徒共进行了 8 次主要的远征。十字军东征对欧洲社会的政治、经济等方面产生了重要影响。（《简明不列颠百科全书》第 7 卷，第 266～267 页。）

19 萨拉森人　Saracens：按照中世纪基督教用语，指所有信奉伊斯兰教的民族（阿拉伯人、突厥人等）。在公元初的 3 个世纪，晚期古典作家记述的萨拉森人是指西奈半岛上的阿拉伯部族。此后几个世纪，则泛指阿拉伯部族。哈里发成立后，拜占庭人把哈里发的一切穆斯林臣民皆称为萨拉森人。（《简明不列颠百科全书》第 6 卷，第 844 页。）

第二章　葡萄牙人无权以发现的名义取得对荷兰人航行前往的东印度群岛的主权

　　葡萄牙人并非荷兰人航行前往的东印度群岛地区，即爪哇、锡兰[1]和摩鹿加群岛的许多岛屿的最高统治者。我论证这一点依据的是一个无可争议的论点，即任何人对他本人从未实际占有的财产以及别人从未以他的名义占有的财产都不享有排他性的权利。我们所说的这些岛屿，过去和现在一直都有自己的国王、政府、法律和司法制度。就像他们允许其他国家的人享有同样的特权一样，当地居民允许葡萄牙人与他们进行贸易。因为葡萄牙人需要在支付通行费和取得当地统治者同意的条件下从事贸易活动，所以，这充分证明他们是作为外国人而不是作为主权者去往那里的。事实上，他们只是被默许在当地居住和谋生而已。尽管由于实际占有是一项前提条件，因而只有主权的名义是不够的——因为占有某物与有权取得某物存在很大的区别——但是，我可以肯定地讲，葡萄牙人在这些地区连主权的名义也没有。关于这一点，那些博学之士，甚至西班牙人自己都不否认。

　　首先，如果葡萄牙人说作为对他们发现这些地区的回报，它

---

　　〔1〕　〔塔普洛班是锡兰古代的名称。弥尔顿在他的著作《复乐园》IV, 75 中写道："以及最遥远的印度岛屿塔普洛班。"〕

们被置于了葡萄牙人的管辖之下，则无论是在事实上还是在法律上，他们都是在撒谎。因为正如戈尔狄安【即富尔金提乌斯（圣）² ——中译者注】在他的一封信中指出的那样："发现某物不仅要用眼睛看到它，而且要实际取得它。"〔1〕 正是由于这个原因，文法学家们赋予"找到"或"发现"与"实际占有"或"先占"同样的意义。〔2〕 据我所知，在所有拉丁语的解释中，"找到"的反义词是"失去"。然而，自然理性本身、准确的法律用语和学问更为渊博之人的解释〔3〕都清楚地表明，只有当伴有实际的占有行为时，发现行为才足以被赋予明确的主权的名义。当然，这一项原则只适用于动产或者实际上被确定的界线所圈定并得到切实保护的不动产。〔4〕 但在本案中，葡萄牙人的主张并不成立，因为他们没有在这些地区驻扎卫戍部队。与此同时，葡萄牙人也不可能以任何方式主张他们发现了印度这个许多世纪之前已经闻名天下的国家。早在罗马皇帝奥古斯都³ 时代，印度即已为世人所知，引

---

　　〔1〕《查士丁尼法典·敕令集》VIII, 40, 13。[可能是指法比尤斯·克劳狄乌斯·戈尔狄安·富尔金提乌斯（468~533）。他是一位本笃会僧侣和拉丁神父。]【根据《简明不列颠百科全书》"富尔金提乌斯"词条中的记载，富尔金提乌斯生于公元467年；按照《维基百科》中的说法，他生于公元462年或467年。】

　　〔2〕 参见诺尼乌斯·马塞卢斯【公元4或5世纪罗马文法学家，他唯一保留下来的作品是一部20卷的拉丁语《简明词典》】在《简明词典》中对"先占"一词多种含义的解释；康南：《市民法评论》IV, 3；多尼卢斯 [多诺]：《市民法评论》IV, 10。[弗朗索瓦·德·康南（1508~1551）是一位法兰西法学家，阿尔西亚提的学生。修古斯·多诺（1527~1591）是一位著名的法学家，他写过多卷关于《查士丁尼法典·学说汇编》和《查士丁尼法典·敕令集》的评论。]【1528年，康南在巴黎出版了《市民法评论》一书。他和多诺、阿尔西亚提等人是法兰西人文主义法学理论的创始人。】

　　〔3〕《查士丁尼法典·法学总论》II, 1, 13。

　　〔4〕《查士丁尼法典·学说汇编》XLI, 2, 3。

自贺拉斯[4]作品中的下面一段话表明了这一点：

"为逃避极度的邪恶和贫穷，

你穿过高山、大海和烈火，

勇敢地奔向最遥远的印度。"[1]

另外，难道罗马人没有用最准确的方式为我们描述过锡兰更广大的区域吗?[2]至于其他岛屿，不仅邻近的波斯人和阿拉伯人，甚至欧洲人，特别是威尼斯人，也早在葡萄牙人之前就已经知道它们了。

除此之外，单纯的发现本身并不能赋予针对发现物的任何法律权利，除非在所称的发现之前它们属于无主物。[3]然而，在葡萄牙人到达之前，虽然这些东方的印度人中有的是偶像崇拜者，有的是穆罕默德[5]的信徒，并因此而坠入令人痛心的罪孽之中，但是，无论是从公还是私哪个方面来看，他们对自己的货物和财产都拥有完全的所有权。如果没有正当理由，他们的这种权利不得被剥夺。[4]在其他权威最高的学者之后，西班牙学者维多利亚得出了这样一个最确凿的结论：任何基督教徒，无论是世俗之人还是神职人员，都不能仅仅因为其他人是异教徒而剥夺他们的民事权利和主权，除非他们犯有其他罪行。[5]

至于宗教信仰，正如托马斯·阿奎那[6]正确地指出的那样，它

---

〔1〕　贺拉斯：《书札》I，1，44~45。［弗朗西斯译：《英文诗选》XIX，726。］

〔2〕　普林尼（老）：《博物志》VI，22。

〔3〕　《查士丁尼法典·学说汇编》XLI，1，3。

〔4〕　科瓦鲁维亚斯：《论犯罪》，§10，n.2，4，5。

〔5〕　维多利亚：《论市民的权利》I，9。

不能使作为主权来源的自然法或人定法无效。[1] 事实上，那种认为异教徒并非其财产的主人的观点完全是一种歪理邪说。如同因为信仰基督而剥夺基督教徒的财产无异于盗窃和抢劫一样，由于宗教信仰的原因而剥夺异教徒的财产同样如此。

由此可见，维多利亚的这种说法是正确的：正如假如东印度群岛人恰好是最早到达西班牙的外国人，他们并不能因此而对西班牙人拥有更多的法律权利一样，西班牙人也不能因为他们的宗教的缘故而对东印度群岛人拥有更多的法律权利，[2] 东印度群岛人民既不是愚不可及，也不是没有思考能力；相反，他们既聪明又富有智慧。由此看来，以他们的民族特征为借口而征服他们是完全站不住脚的，而且这种借口显然是非正义的。普卢塔克[7]在很久以前曾经指出，为了征服未开化民族而提出某种借口是一种贪婪的表现。毫无疑问，掠夺未开化民族财产的贪婪欲望经常被隐藏在为促进他们的文明进步的伪装之下。今天，促使他们进入更高级的文明状态已经成为违反其他民族意志的一种人所共知的借口。这种曾经专属于希腊人和亚历山大大帝[8]的伎俩被所有神学家，特别是西班牙神学家，[3] 认为是邪恶和非正义的。

---

〔1〕　托马斯·阿奎那：《神学大全》II. II, q. 10, a. 12。[托马斯·阿奎那（1227~1274）是最著名的学者和神学家之一，他经常被称为神学家阿奎拉和安吉利库斯博士。]【根据《简明不列颠百科全书》第8卷"托马斯·阿奎那"词条中的记载，托马斯·阿奎那生于1224/1225年。】

〔2〕　维多利亚：《论印度群岛》I, n. 4~7, 19。

〔3〕　巴斯克斯：《雄辩指南》"序言"（n. 5）。

中译者注

1　锡兰　Ceylon：亚洲南部印度洋上的岛国，1972 年后改名为斯里兰卡。它位于斯里兰卡岛上，西北隔保克海峡与印度半岛相望，面积 65 610 平方千米，首都科伦坡。它的两个主要民族（泰米尔族和僧伽罗族）以及占统治地位的两种文化（佛教文化和印度教文化）均来自印度。1505 年葡萄牙舰队到达科伦坡，1518 年在科伦坡建立要塞，取得贸易特权。到 1619 年，除中部高原和东部沿海地区以外，锡兰全境沦入葡萄牙之手。荷兰于 1602 年侵入锡兰，1658 年后取代葡萄牙成为锡兰的主人。（《简明不列颠百科全书》第 7 卷，第 436 页；《简明不列颠百科全书》第 8 卷，第 482～483 页。）

2　富尔金提乌斯（圣）　Fulgentius, Stain（约 467～533.1.1）：基督教教士、拉斯佩主教和神学著作家。他出生于罗马非洲行省的突尼斯一个元老院议员家庭，曾先后在非洲、西西里、罗马等地居住，公元 507 年任非洲地中海沿岸城市拉斯佩主教。他抵制阿里乌主义，驳斥半贝拉基主义，因而被汪达尔国王瑟拉西蒙德放逐到撒丁岛。他于公元 515 年返回后，517～523 年再次被放逐。（http://en.wikipedia.org/wiki/Fulgentius_of_Ruspe；《简明不列颠百科全书》第 3 卷，第 205 页。）

3　奥古斯都　Augustus（公元前 63.9.24～公元 14.8.19），原名屋大维努斯（Octavius），亦译作"屋大维"：古罗马帝国第一代皇帝，在他长久的统治时期，罗马世界进入和平繁荣的黄金时期。他早年追随凯撒，凯撒遇刺后，他和安东尼、李必达结成"后三头"同盟。公元前 31 年和公元前 30 年，他两次打败安东尼，征服埃及并迫使安东尼自杀。公元前 27 年，罗马元老院授予他"奥古斯都"的称号；不久，他又被称为"祖国之父"。在"奥古斯都时代"涌现出了许多伟大的作家，如维吉尔、贺拉斯、李维、奥维德等。（《简明不列颠百科全书》第 1 卷，第 346 页。）

4　贺拉斯　Horace（公元前 65.12～前 8.11.27）：罗马杰出诗人。他出生于意大利东南部的韦努西亚，父亲是获得自由的奴隶。他曾在罗马和雅典接受教育。公元前44年凯撒被刺后，他站在对立派布鲁图一边作战，但后来与奥古斯都关系密切。公元前20年左右，他实际上成了罗马最伟大的诗人。他较早的作品有《讽刺诗集》和《长短句集》。他对西方文学产生重大影响的作品主要是《诗集》和《书札》。（《简明不列颠百科全书》第3卷，第729页。）

　　5 穆罕默德　Muhammad（约570～632.6.8）：伊斯兰教和阿拉伯帝国的创立者。他引起了对人类历史具有重大意义的宗教、社会和文化的发展。他是遗腹子，生于麦加。610年，他在麦加附近的山洞中潜思冥想，得到神示。613年左右，他公开传教，影响逐步扩大。从624年开始，他率领穆斯林武装与其他部族和犹太人作战。在他去世前，阿拉伯半岛个别地区出现武装反抗，但伊斯兰教国家已强大得足以应付。他身后留下了基本统一的阿拉伯半岛。（《简明不列颠百科全书》第6卷，第119页。）

　　6 托马斯·阿奎那　Thomas Aquinas（约1225～1274.3.7）：中世纪意大利神学家、经院哲学家。他出身贵族家庭，少年时就学于卡西诺山的本笃会修院，1239年入那不勒斯大学。1245年他在巴黎师从著名神学家大阿尔伯特学习古希腊哲学和神学，1252年在巴黎大学讲授《圣经》，1256年讲授神学和哲学。他曾先后担任亚历山大四世、乌尔班四世和克雷芒四世三位教皇的教廷神学教师和法兰西国王路易九世的神学顾问。他著有《反异教大全》《神学大全》等。《神学大全》虽未完成，但已有200余万字；全书分为三部，被认为是基督教的百科全书。他把亚里士多德哲学运用于神学领域，创造了巨大的经院哲学和神学体系。（《中国大百科全书》（第2版）第22卷，第466页。）

　　7 普卢塔克　Plutarch（约46～119后）：对16～19世纪初的欧洲影响最大的古典作家之一。他在罗马帝国时期生于希腊维奥蒂亚的凯罗涅亚，曾被皇帝图拉真授予等同于执政官的高位。他有罗马和雅典的公民权，游历过许多地方，但常住地仍是凯罗涅亚。他一生写了大量作品，据称多达227种。其中最著名的是他为希腊罗马军人、立法者、演说家和政治家撰写的《希腊罗马名人比较列传》。此外，还有一些总称为《道德论丛》的作品60余篇。他的哲学是折衷的，以柏拉图派为主，也包括斯多葛等派的观点。（《简明不列颠百科全书》第6卷，第550页。）

　　8 亚历山大大帝　Alexander the Great（公元前356～前323.6.13）：马其顿国王和世界征服者中的突出人物。他是马其顿国王腓力二世之子，13岁时拜希腊哲学家亚里士多德为师。公元前336年腓力二世遇刺身亡，他登上王位，不久将反叛的底比斯城夷为平地。公元前334年春，他率领马其顿军队渡过赫勒斯滂海峡，开始了对东方的远征。在其后的十年中，他显示出卓越的军事才能，先后占领波斯、埃及、巴比伦、印度等地区，征服了当时欧洲人已知世界的绝大部分。(《简明不列颠百科全书》第8卷，第788~789页。)

第三章　葡萄牙人无权以教皇赠与的名义
取得对东印度群岛的主权

此外，如果教皇亚历山大六世¹所划的界线[1]被葡萄牙人用来作为他们对东印度群岛行使管辖权的权威依据，则首先必须考虑下面两个问题：

第一，教皇只是希望解决葡萄牙人和西班牙人之间的争端吗？

由于葡萄牙人和西班牙人选择教皇亚历山大六世对他们之间的争端进行公断，而且此前葡萄牙和西班牙两国国王已经就这一问题签订了某些条约，因此，教皇显然有权划定这样一条界线。[2]如果情况的确如此，那么，因为这个问题只与葡萄牙人和西班牙人有关，所以，教皇的决定当然不会对世界上的其他国家产生影响。

第二，教皇有意把世界的各三分之一分别赠与这两个国家吗？

即使教皇有意且有权把这样的礼物赠与葡萄牙和西班牙，这也不能使葡萄牙人成为那些地区的主权者。因为单纯的赠与行为

---

〔1〕〔对于 1493 年 5 月 14 日颁布的这一项著名的《教皇谕旨》，《剑桥近代史》I，23~24 中有一段精彩的叙述（1494 年 6 月 7 日的《托德西利亚斯条约》对其进行了修改）。〕

〔2〕〔格劳秀斯引用了奥索里乌斯的话，但没有说明参考文献的名称。〕

不能创设一种主权，只有随后的交付[1]和实际占有才能产生对赠与物的主权。

　　如果一个人不是仅仅从自身利益出发来看待神法或人定法，他将很容易理解这种处理他人财产的赠与是无效的。我不准备在这里对教皇的权力进行任何讨论，因为那是罗马教廷大主教们考虑的问题；我也不准备提出任何其他问题，而只希望阐明一个推论。这个推论得到了最强调教皇权力且学识最渊博的人们，特别是西班牙人的承认，那就是：具有敏锐洞察力的人们很容易认识到，当我主耶稣基督说"我的国不属这世界"的时候，这实际上表明他放弃了任何世俗权力；[2]同时，当他作为一个人生活在这个世界上的时候，他确实不拥有统治整个世界的权力；即使他拥有这种统治权，他无疑也不能将其转让给使徒彼得²，或者通过"基督代理人"的权力将其转让给罗马教廷。的确，由于基督有许多东西并没有由教皇继承，[3]因此，有些学者大胆地断定——我用的正是他们所讲的话——教皇并非全世界世俗或者市民社会的统治者。[4]相反，即使教皇在世界上确实拥有任何这种权力，他

---

　　[1]《查士丁尼法典·法学总论》II，1，40。

　　[2]《圣经·新约》"路加福音"XII，14；《圣经·新约》"约翰福音"XVIII，36；维多利亚：《论印度群岛》I，n.25。

　　[3]维多利亚：《论印度群岛》XVI，n.27。

　　[4]巴斯克斯：《雄辩指南》，c.21；托克马达：【作品名称不详】II，c.113；雨果：《〈格拉提安教令集〉评注》XCVI，C.VI；贝尔纳【活动时期12世纪中叶，修士、诗人、新柏拉图主义道德家，其著作谴责人们对世俗快乐的追求】：《致教皇优金三世劝诫书》III，第2卷；维多利亚：《论印度群岛》I，no.27；科瓦鲁维亚斯：《论犯罪》，§9，n.7。

行使这种权力也是不正当的，因为他应当满足于自己在精神领域的管辖权，而且他根本不能把属于精神领域的权力授予世俗世界的诸侯。因此，正如有人指出的那样，如果说教皇拥有任何权力，那也只能是一种在精神领域内行使的权力。[1] 由此可见，他对异教民族没有任何权力，因为他们不从属于基督教会。[2]

　　总之，根据卡耶坦³、维多利亚以及权威更高的神学家和教会法学者[3]的观点，不论是根据教皇只是冒充自己是东印度群岛人民的主权者，从而将该地区绝对地赠与了葡萄牙人的理由，还是根据即使作为一种表面的托辞，该地区的人民也从来没有承认过教皇的统治权的理由，都不存在可以用来对抗东印度群岛人民的明确的权利。事实上，可以肯定地说，甚至在十字军对萨拉森人进行掠夺时也没有使用过这样的借口。

---

　　[1] 《圣经·新约》"马太福音" XVII，27；XX，26；《圣经·新约》"约翰福音" VI，15。

　　[2] 维多利亚：《论印度群岛》I，no. 28，30；科瓦鲁维亚斯：《〈哥林多前书〉评注》V，结尾部分；托马斯·阿奎那：《神学大全》II. II，q. 12，a. 2；阿亚拉：《论法律》I，2，29。[阿亚拉著作的最佳版本是华盛顿卡内基研究院 1912 年出版的《国际法经典著作》2 卷本。]

　　[3] 托马斯·阿奎那：《神学大全》II. II，q. 66，a. 8；希尔维乌斯：《论异教徒》§7；英诺森【应为教皇英诺森四世（1243~1254 在位）】：《〈格列高利教令集〉评注》IX，III，34，8；维多利亚：《论印度群岛》I，n. 31。[弗朗西斯科·希尔维乌斯（Franciscus Silvius），或希尔维乌斯（Sylvius），或杜·博伊斯（du Bois）（1581~1649）是一位比利时神学家。]

中译者注

1 教皇亚历山大六世　Alexander VI, Pope（1431~1503.8.18）：西班牙籍教皇（1492~1503 在位）。他曾在博洛尼亚学习法律，1456 年由叔父教皇加里斯都三世任命为枢机主教。1492 年，他不顾贿选之嫌，经秘密会议激烈争吵当选为教皇。他在位 11 年间，为推行自己的政策以维护本家族的利益并巩固自己的教权和政权，先后任命了 47 名枢机主教。他是文艺复兴时期腐化堕落教皇中的典型。1494 年他主持谈判，缔结《托德西利亚斯条约》，把美洲大陆分为两部分，分别授予葡萄牙和西班牙。（《简明不列颠百科全书》第 8 卷，第 790 页。）

2 使徒彼得　Peter the Apostle（?~64）：早期基督教会所称耶稣十二门徒之首。天主教会认为他是第一代教皇。《圣经·新约》中的四福音书、《使徒行传》、保罗书信以及《彼得前书》《彼得后书》中都有关于他的记载。他可能原名西门，祖籍伯赛大，在耶稣开始传教时在加利利蒙召。他是耶稣复活的见证人，并在此后大约 15 年内一直是教会的领袖。据 200 年前后加尤斯的著作称，他葬于梵蒂冈。（《简明不列颠百科全书》第 1 卷，第 706~707 页。）

3 卡耶坦　Cajetan（1468/1469~1534.8.10）意大利天主教托马斯派神学家。他曾就学于博洛尼亚和帕多瓦，1494 年在帕多瓦教授形而上学。1517 年被教皇利奥十世任命为枢机主教。他先后担任驻德意志、匈牙利、波兰和波西米亚的宗座代表，1527 年退休。他著有《神学概要》一书，详细介绍了自然神学和基督教神学的基本原理。（《简明不列颠百科全书》第 4 卷，第 587 页。）

第四章　葡萄牙人无权以战争的名义
取得对东印度群岛的主权

　　从前面对以教皇赠与的名义提出的主张的反驳中可以看出，当西班牙人航行到达这些遥远的岛屿时，他们显然没有任何权利把它们作为行省进行占领，因此，现在只有一种名义可以考虑，那就是以战争的名义。（维多利亚也曾经这样讲过）[1] 不过，即使这种名义可能是正当的，它也不能被用来确立一种主权，除非通过行使征服的权利，也就是说，占领是确立主权的前提条件。然而，到目前为止，葡萄牙人并没有能够占领这些地区，他们甚至没有与荷兰人到访过的大多数地区的民族打过仗。由此可见，葡萄牙人未能确立对这些地区的法律主张。即使东印度群岛人过去曾经伤害过他们，人们也有合理的理由认为，通过长期的和平相处和他们之间已建立起了友好的商业关系，这些伤害已经得到了谅解。

　　事实上，葡萄牙人没有任何进行战争的借口。如同西班牙人对美洲土著人发动战争时所做的那样，那些把战争强加给未开化民族的人一般会使用以下两种借口之一：或者是未开化民族拒绝给予他们进行贸易的权利；或者是未开化民族不愿意接受基督教

------

　　[1]　维多利亚：《论印度群岛》I，n. 31。

教义。然而，由于葡萄牙人实际上已经从东印度群岛人那里获得了贸易权，[1] 因此，至少在这个问题上，他们没有任何抱怨的理由。至于另外一个借口，相对于希腊人对未开化民族发动战争的借口，他们的理由并非更具有正当性。在下面一段话中，波伊提乌¹隐晦地谈到了希腊人对未开化民族进行战争的借口：

"他们发动了残酷和非正义的战争，

疾速飞过的标枪随时会带来死亡。

他们没有表现出任何正义和理性，

因为他们的土地和法律与我们不同。"[2]

另外，托马斯·阿奎那、托莱多会议²决议、格列高利【应为格列高利九世³——中译者注】和几乎所有神学家、教会法学家和法学家[3]都得出了这样的结论：即使是在对异教徒——对信仰基督教的君主以前的臣民或叛教者是完全不同的另一个问题——进行了非常广泛深入和苦口婆心的关于基督教教义的宣讲和劝导之后，假如他们仍然不愿意皈依基督教，这依然不足以成为对他们进行战争或者剥夺其财产的正当理由。[4]

关于这个问题，在此处援引卡耶坦的下面一段原话是很有价值的：

---

〔1〕 巴斯克斯：《雄辩指南》c.24；维多利亚：《论印度群岛》II，n.10。

〔2〕 波伊提乌：《论哲学的安慰》IV，4，7~10。[H.R.詹姆斯译本，第194页。]

〔3〕 托马斯·阿奎那：《神学大全》II.II，q.10，a.8；《格拉提安教令集》XLV，C.V，C.III；英诺森四世：《〈格列高利教令集〉评注》，第三章最后一个脚注；巴尔托鲁：《〈查士丁尼法典·敕令集〉评注》I，11，1；科瓦鲁维亚斯：《论犯罪》，§9，10；阿亚拉：《论法律》I，2，28。

〔4〕 《圣经·新约》"马太福音"X，23。

"有些异教徒无论在法律上还是事实上都不处于信仰基督教的君主的世俗管辖权之下，就像有些异教徒从来不是罗马帝国的臣民，而且在他们居住的地方人们从来没有听说过'耶稣基督'的名字一样。无论人民生活在君主制还是民主制的社会中，即使他们的统治者是异教徒，但他依然是合法的统治者。不能因为异教徒不信仰基督而剥夺他们对其财产的主权。正如前面讨论过的那样，主权是实在法范畴的问题，而不信仰基督是神法范畴的问题，神法不能废除实在法的规定。事实上，就我所知，并不存在任何专门针对异教徒世俗财产的法律规定。任何国王、皇帝，甚至罗马教廷都不能为了占领他们的土地或者迫使他们服从世俗权力的目的而对他们发动战争。由于被授予在上天和世间所有权力的万王之王耶稣基督派来征服世界的不是全副武装的战士，而是纯洁的信徒，他们'如同羊进入狼群'【《圣经·新约》"马太福音"X.16——中译者注】一样，因此，不存在与异教徒进行战争的正当理由。"

"另外，我在《圣经·旧约》中看到，当不得不使用武力夺取财产的时候，以色列人从来没有以当地居民不信仰以色列人的宗教为理由对异教徒的领土发动进攻；他们只是因为异教徒拒绝他们行使无害通过权或者攻击他们（像米甸人[4]所做的那样）而对其发动战争，或者是为了重新取得神原来作为礼物赐予他们的财产而进行战争。由此可见，如果我们企图通过战争来扩大耶稣基督的宗教的影响，我们就是最卑鄙无耻的罪犯；同时，我们也不能因此而成为他们的合法统治者。相反，我们是在对他们实施大规模的抢劫，而且作为非正义的征服者和侵略者，我们将不得不对他们进行赔偿。我们必须向他们派出正直之人作为传教士，通过其言传身教将异教徒转变为上帝的信徒，而不是派人去压迫、掠夺和征服他们，改变他们的宗教信仰，或者效仿法利赛人[5]的这种做法，'（勾引一个人入教）既入了教，却使他作地狱之子，比你们还加倍'[1]。"[2]

实际上，我经常听说，西班牙的枢密院和神学家，特别是多明我会[6]已经发出命令，对于美洲人（阿兹特克人和印第安人），只能通过宣传教义而不是发动战争的方式改变他们的信仰，使他们皈依基督教，甚至应当恢复他们原来被以转变其宗教信仰为借口剥夺的自由。据说，这种政策得到了教皇保罗三世[7]、西班牙国王和神圣罗马帝国皇帝查理五世[8]的赞同。

我想简单提及这样一个事实：因为葡萄牙人活着只是为了获取财富，所以，他们在大多数地区并没有致力于扩大基督教的影响，或者说，实际上根本没有对此予以任何关注。不！对葡萄牙人来说，有一种情形是千真万确的，他们与一位西班牙学者记录的西班牙人在美洲大陆的所作所为完全相同：他从来没有听说过任何关于西班牙人的奇迹、令人赞叹的事例或者在虔诚信仰或宗教生活方面值得称道的典范，比如，劝导别人转而信仰与他们相同的宗教；相反，他经常听到的是他们层出不穷的丑闻、犯罪和亵

---

〔1〕《圣经·新约》"马太福音" XXIII, 15。

〔2〕卡耶坦：《神学概要》中对托马斯·阿奎那《神学大全》II. II, q. 4, 66, a. 8 部分的评论。[托马斯·德·卡耶坦（1469~1534）是一位意大利主教，他写过大量关于托马斯·阿奎那和亚里士多德的著作以及《圣经》的评论。]【根据《简明不列颠百科全书》第 4 卷 "卡耶坦" 词条中的记载，卡耶坦生于 1468/1469 年。】

渎神灵的行为。

　　总之，由于既缺乏占有的事实，也缺乏占有的名义，而且不应当认为东印度群岛的财产和主权此前似乎处于一种无主物的状态，因为这些财产和主权实际上属于东印度群岛人民，因此，它们不能被其他人合法地取得。与本案有关的东印度群岛各民族并非附属于葡萄牙人的财产，他们是自由民并有权处理自己的事务。对于这一点，甚至西班牙法学家自己也不否认。[1]

中译者注

　　1 波伊提乌　Boethius（? ~524）：古罗马哲学家、神学家和政治家。在公元 5 世纪末和 6 世纪初蛮族入侵西罗马帝国时，他是上层社会中努力将古代文献传诸后世的少数人之一。他把亚里士多德的著作译成拉丁文并加以注释，而且译出了柏拉图的全部著作（可能有注释）。他运用亚里士多德哲学阐释基督教的三位一体教义和基督的本性。公元 524 年，他被以通敌的罪名处死。（《简明不列颠百科全书》第 1 卷，第 797 页。）

　　2 托莱多会议　Toledo, councils of：大约公元 400 ~ 702 年西班牙天主教会在托莱多举行的 18 次会议，其中至少 11 次是全国性会议。虽然它们是宗教会议，但往往对西班牙政局有重大影响。几乎每次会议都是西班牙国王为了争取教会支持而召开的。（《简明不列颠百科全书》第 8 卷，第 52 页。）

　　3 格列高利九世　Gregory IX（1170 前 ~ 1241. 8. 22）：意大利籍教皇（1227 ~ 1241

[1]　维多利亚：《论印度群岛》II, 1。

在位）。他是教会势力达到顶峰的13世纪最有影响力的教皇之一。他精通教会法和神学，以创立异端裁判所及维护教皇特权而著名。他登上教皇位之后，对神圣罗马帝国皇帝腓特烈二世日益不满，双方冲突不断。他命令教会法学家莱蒙编纂教会法典，名为《格列高利教令集》，于1234年颁行。法典的内容以会议决议和教皇手谕为依据，分别编排共5卷。它被沿用到第一次世界大战后，一直是天主教教会法的根本文献。（《简明不列颠百科全书》第3卷，第378~379页。）

4　米甸人　Midianites，亦称"以实玛利人"：《圣经·旧约》所载与以色列人密切相关的游牧民族。他们的活动范围大致在阿拉伯旷野西北部亚喀巴湾以东，以畜牧、行商和劫掠为生。以色列人在出埃及时期（公元前13世纪）和士师时期（公元前12世纪）与他们有频繁的接触。（《简明不列颠百科全书》第5卷，第853页。）

5　法利赛人　Pharisees：犹太教的一派，盛行于第二圣殿时代。法利赛派出现于公元前2世纪，他们继承哈西德派的传统，一言一行都有明确的准则。虽然他们被指责为拘泥于律法的词句而忽视其精神，但他们严格律己，笃信教义，仇视信奉异教的罗马统治者，赢得众多百姓的拥护。他们鼓吹灵魂不死，肉体复活，犯罪要受惩罚，既有上帝的预定，又有人的自由意志。这些观点与基督教教义颇为一致。公元70年耶路撒冷被毁后，法利赛人不见于史籍。（《简明不列颠百科全书》第2卷，第837页。）

6　多明我会　Dominicans，又名"布道兄弟会"，俗称"黑衣兄弟会"：天主教四大托钵修会之一。它于1215年由多明我（圣）创立。多明我（圣）根据奥古斯丁（圣）的规章为其门徒制定规则，并在图卢茨开办了第一处教团。1216年，多明我会获教皇洪诺留三世批准。该会实行退省默念与积极工作相结合的方法，修士过集体生活。异端裁判所成立后，罗马教廷委托多明我会负责掌管。（《简明不列颠百科全书》第2卷，第749页。）

7　保罗三世　Paul III, Pope（1468.2.29~1549.11.10）：意大利籍教皇（1534~1549在位）。他原名亚历山大·法尔内塞，出身于托斯卡纳的雇佣军将领家族，自幼旅居罗马。在教皇亚历山大六世和利奥十世在位时，他很受重用。在登上教皇之位后，他一方面利用权力为子女和亲属谋取利益，追求世俗习惯；另一方面锐意整顿教会，赞助新修会的建立，承认耶稣会。他在位期间，如何处理与神圣罗马帝国皇帝查理五世和法兰西国王弗兰西斯一世的关系是他的一大难题。（《简明不列颠百科全书》第1卷，第558页。）

8 查理五世　Charles V Emperor（1500. 2. 24～1558. 9. 21）：神圣罗马帝国皇帝（1519～1556 在位）和西班牙国王。他是卡斯蒂利亚国王腓力一世之子，神圣罗马帝国皇帝马克西米连一世之孙。他于 1516 年成为西班牙国王，但他的暴政使西班牙人民怨声载道。1519 年，他击败法兰西的弗兰西斯一世当选为德意志国王。1520 年 10 月，他在亚琛加冕，并同时获得神圣罗马帝国皇帝称号。次年，他返回西班牙，血腥镇压了卡斯蒂利亚的公社起义。1527 年，他率领西班牙和德意志军队征讨教皇，攻入罗马城并使教皇降服。他晚年在争夺西欧霸权的斗争中失败，于 1556 年退位。（《简明不列颠百科全书》第 2 卷，第 217 页。）

第五章　印度洋与印度洋上的航行权均不属于
葡萄牙人以先占的名义取得的权利

如果葡萄牙人并没有取得对东印度群岛各国及其领土和主权的法律权利，那么，现在让我们考察他们是否能够取得对这一地区的海洋、海上航行或者贸易的排他的管辖权。

让我们首先考察海洋问题。

在万国法的法律术语中，在对所有人的关系上，海洋被客观地称为不属于任何人的财产，即无主物（res nullius），或者说是共有物（res communis）或公有物（res publica）。如果我们遵循赫西奥德¹以来的所有诗人以及过去的哲学家和法学家们所采取的方法，那将最便于解释这些术语的意义并对特定的时代进行划分，而划分这些时代的依据与其说是时间的间隔，不如说是其明显的逻辑和本质特征。如果我们在解释来源于自然的法律时使用的是那些其天然的判断能力被公认为最值得赞赏的学者们的权威学说和定义，我们就不应当受到批评。

我们有必要在这里说明，在人类历史最早的阶段，"主权"和"共有"这两个名词具有与现代不同的含义。[1] 今天，主权意味

----

〔1〕　保罗·德·卡斯特罗：《〈学说汇编〉评论》I，1，5；《格拉提安教令集》I，C. VII。【保罗·德·卡斯特罗（？～1436/1441）是一位意大利法学家。】

着一种特殊类型的所有权，它实际上绝对地排除任何其他人对某物同样的占有。另一方面，当对某物的所有权或者占有是根据排除其他所有人的合伙协议或相互协议共同属于多个人的时候，我们称它为"共有物"。不过，语言的贫乏可能迫使人们使用相同的名词表示不同的事物。因为存在某种相同或类似的因素，我们现代的术语体系被用来描述法律的原始状态。在古代，"共同的"只是"特殊的"的反义词，而"主权"或"所有权"则意味着一种合法地使用共有财产的特权。在经院派学者[1]看来，"使用"似乎是一种事实上，而非法律上的概念。因为今天法律上所谓的"使用"指的是一种特殊的权利，或者说，如果我可以用经院派学者的术语体系来表达，它指的是一种相对于其他人的排他的权利。

初始万国法有时被称为自然法，诗人们时而说它存在于黄金时代[2]，时而又说它存在于萨图恩[3]或正义之神统治时期。在初始万国法中，不存在任何特殊权利。正如西塞罗[4]所说的那样："根据自然的命令，没有任何东西是私有财产。"贺拉斯指出："因为大自然已经发出命令，你、我、他或者任何其他人都不能成为私有土地的主人。"[2]因为大自然不承认任何主权者。正是在这个意义上，我们说，在古代所有物品都是共有的。同时，当诗人们声称远古人类取得的每一件物品都是共有的，而正义之神通过一种不可违背的契约保持了物品的共有状态时，他们表达的正是这个意思。为了更清楚地说明这一点，他们指出，在远古时代，土地没有用

---

〔1〕巴斯克斯：《雄辩指南》c. 1，no. 10；《教皇卜尼法斯八世教令集》VI，V，12，3；《教皇克雷芒五世教令集》V，11。

〔2〕贺拉斯：《讽刺诗集》II，2，129~130。

界线进行划分，也不存在商品交易活动。阿维亚努斯⁵讲道："似乎所有土地都是平等地属于所有人共有的。"〔1〕

正如我们在前面指出的那样，由于"共有"的词义发生了变化，在这里补充"似乎"一词是非常正确的。不过，这种共有是与共同使用联系在一起的，我们从下面引自塞内加（小）作品中的一句话可以看出这一点：

"每条道路都可以自由通行，

所有物品都可以共同使用。"〔2〕

根据塞内加（小）的推理，当时也存在一种主权，但它是一种普遍和平等的权利。因为上帝没有把所有物品都给予这个人或者那个人，而是给予了整个人类，所以，上帝不禁止许多人作为一个整体可以实际上成为同一物品的主权者或所有人。这与我们现代的主权意义存在很大区别，因为今天所谓的主权是指个人对当时不属于任何人的财产的特殊或者私人的所有权。阿维亚努斯一针见血地指出："所有财产都属于已经占有它们的人。"〔3〕

似乎可以肯定的是，从古代到今天，不同所有权的过渡不是突然发生的，而是在自然本身指引下的一个逐渐演变的过程。由于有些物品可能在使用的过程中被消耗殆尽，这或者是因为它们实际上变成了使用者身体物质的一部分从而永远不能再次被使用，

〔1〕　阿拉托斯：【《物象》】302~303。【阿拉托斯是古希腊西利西亚的索里诗人（创作时期约公元前315~约前245），最令人难忘的是他关于天文学的诗篇《物象》，后来，阿维亚努斯将其译为拉丁文，因此，此处实际上并不是阿维亚努斯所说的话。】

〔2〕　塞内加（小）：《屋大维娅》413~414。［E. I. 哈里斯译本（第二幕，第一场）。］

〔3〕　阿拉托斯：【《物象》】302。

或者是因为它们在使用过程中变得不适合将来再次被使用，因此，对于这些物品，尤其是第一类物品，比如食物和饮料，特定种类的所有与使用显然是不可分离的，[1] 因为"所有"意味着某一物品以不可能属于任何其他人的方式属于某一个人。按照同样的推理，它也可以扩大适用于第二类物品，比如衣服、动产和某些生活用品。

一旦发生上述情况，甚至不动产，比如土地，也不再是不能被分配的了。虽然对它们的使用本身不是一种消耗，但它却与将来的消耗有密切的联系。例如，耕地和植物被用来获取食物；牧场被用来获取衣物。然而，有限的财产并不足以平等地满足所有人的需求。

在财产或所有权的概念被发明出来以后，人们就仿照自然建立了财产法制度。由于对物的使用开始是和身体的需要相联系的，这也正是我们说财产最初起源于身体需要的原因，因此，基于同样的联系，法律规定物可以成为个人财产。这也被称为"先占"。对于那些过去处于共同占有之下的物来说，"先占"是一种最恰当的表述。塞内加（小）在他的悲剧《堤厄斯忒斯》中隐约地提到了这一点：

"如果一个人夺取属于我们共有的财产，

他就是在犯罪。"[2]

---

〔1〕《查士丁尼法典·学说汇编》VII，5；《教皇约翰二十二世教令集》XIV，3 和 5；托马斯·阿奎那：《神学大全》II. II，q. 78。

〔2〕塞内加（小）：《堤厄斯忒斯》203~204。[E. I. 哈里斯译本（第 2 幕，第 1 场）。]

塞内加（小）还在一部哲学著作中写道："骑士们的座位属于所有骑士，但我占有的座位却是属于我自己的私人空间。"[1] 另外，昆体良6 指出，原本为所有人创造的物成为对个别辛勤劳动者的奖赏。[2] 西塞罗认为，作为长期占有的结果，最初发现时没有被任何人占有的物可以成为发现者的财产。[3]

不过，对于那些有能力反抗占有之物，如野兽，这种先占或占有必须能够长期或者不间断地保持；但对于其他物，在实际取得以后表示占有的意图就足够了。动产的占有意味着已经取得；不动产的占有则意味着建筑物建造完成或者某种界线已经划定，比如以某种方式把它围起来。因此，在谈到不同物的所有权时，赫莫吉尼亚7 补充说，取得土地的所有权需要划定界线，取得建筑物的所有权需要建造完成。[4] 诗人维吉尔和奥维德8 这样描述了取得财产的情形：

"我们发现，

他们利用陷阱捕猎走兽，

利用粘鸟胶捕捉飞禽。"[5]

"接着，人类首先建造房屋。

然后，土地界线的划分限定了每个人的权利，

尽管从前所有的土地如阳光一般为所有人共有。"[6]

---

〔1〕　塞内加（小）：《论利益》Ⅶ，12，3。

〔2〕　昆体良：【《雄辩家的培训》】"代表穷人所作的演说" Ⅶ，12，3。

〔3〕　西塞罗：《论责任》Ⅰ。

〔4〕　《国法大全·学说汇编》Ⅰ，1，5。

〔5〕　维吉尔：《农事诗》Ⅰ，139~140。[德里登译本Ⅰ，211。]

〔6〕　奥维德：《变形记》Ⅰ，135~136。[德里登译本Ⅰ（《英语诗集》XX，432）。]

　　正如赫莫吉尼亚指出的那样，奥维德在其作品的另外一个地方赞扬了商业行为。他写道：

　　"为了从事商业活动，

　　船只勇敢地航行在吉凶未卜的大海上。"[1]

　　与此同时，国家也开始建立起来，而且脱胎于最初的财产共有制度，物被分为两种类型：有些物是公有的，它们是属于人民的财产（这是这种表述的真实含义）；其他物是私有的，它们是属于个人的财产。不过，公共所有权和私人所有权产生的方式是相同的。关于这一点，塞内加（小）指出："虽然我们通常说这是雅典或者坎帕尼亚[9]的土地，但它与根据确定的私人界线在个人所有者之间再次进行划分的是同一块土地。"[2] 在另一部作品中，塞内加（小）还说道："每个民族都将其领土分为不同的王国，并建造了新的城市。"[3] 正因为如此，西塞罗指出："根据这一项原则，阿尔皮诺[10]的土地被认为属于阿尔皮诺人民，图斯库卢姆[11]的土地被认为属于图斯库卢姆人民，而且私人财产也按照同样方式进行了分配。由此可见，因为在每一种情况下原来根据自然法属于共有财产的一部分都被转变为个人财产，所以，每个人应当占有落入自己手中那一部分财产。"[4] 另一方面，修昔底德[12]把那些没有划分给任何国家的土地称为"未定之地"，[5] 即尚未根据确定的

　　〔1〕 奥维德：《变形记》I，134。

　　〔2〕 塞内加（小）：《论利益》VII，4，3。

　　〔3〕 塞内加（小）：《屋大维娅》431～432。［格劳秀斯在这里对原文做了一点修改。］

　　〔4〕 西塞罗：《论责任》I，21。［沃尔特·米勒（勒布）译本，第23页。］

　　〔5〕 修昔底德：《伯罗奔尼撒战争史》I，139，2。

界线划分的土地。[1]

综上所述，我们可以得出两个结论：第一，那些不能被先占或者从来没有被先占之物不能成为任何人的财产，因为所有财产均来源于先占；第二，自然所创造的尽管目前服务于某一个人但仍足以为其他所有人共同使用之物，无论是在今天还是在将来的任何时候，都应当依然处于其最初被自然创造出来时的那种供所有人共同使用的状态。西塞罗的下面一段话表达了这样的意义："这是一种把人与人，以及所有人与所有其他人联合在一起的最广泛和全面的纽带。基于这种纽带的联系，自然为了人类能够共同使用其所创造的所有物的共同的权利将得以维持。"[2] 所有那些在其被使用的同时不会损害其他任何人利益的物都属于这种类型。西塞罗指出，正因为如此，所以有了这样一条著名的禁令："不得否定任何人利用流淌的河水的权利。"[3] 由于流淌的河水不是涓涓细流，因此，法学家们将其归类为全人类的共有物之一。奥维德也赞成这种观点，他写道：

"你为什么要否定我利用河水的权利呢？

河水是所有人都可以自由利用的。

大自然没有让阳光、空气或河水成为私人财产，

它们是自然赠与人类的公共财产。"[4]

---

〔1〕　杜艾伦［杜艾伦（1509～1559）是一位法兰西人文主义者］：《〈学说汇编〉评论》I，8。

〔2〕　西塞罗：《论责任》I，51。［沃尔特·米勒（勒布）译本，第55页。］

〔3〕　西塞罗：《论责任》I，52。

〔4〕　奥维德：《变形记》VI，349～351。

　　奥维德指出，这些物本质上不能成为私人占有物。就像后来乌尔比安[13]主张的那样，它们本质上属于对所有人开放使用之物。[1] 这首先是因为正如涅拉修斯【卢西乌斯·涅拉修斯·普里斯库斯[14]——中译者注】所说的那样，它们是自然的产物，而且从来没有被置于任何人的主权之下。[2] 其次是因为像西塞罗指出的那样，它们似乎是大自然为了共同使用的目的创造出来的。不过，诗人奥维德是按照其通常含义使用"公共财产"一词的，其所指的不是那些属于任何一个民族的财产，而是指属于人类社会整体的财产。也就是说，这里所谓的"公共财产"是指根据万国法的原则属于所有人的共同财产，即"共有物"，而不是任何人的私有财产。

　　由于下面两个理由，空气属于这种类型的物：第一，它不能被先占；第二，它注定可以为所有人共同使用。基于同样的理由，海洋也是为所有人共同使用的，因为它如此辽阔，无边无际，不可能被任何人所占有；同时，无论我们是从航行还是从捕鱼的角度来考虑，海洋都适于为所有人共同使用。另外，适用于海洋的权利也同样适用于海洋从其他物体挟裹而来并成为其自身一部分的物质，如海洋中的沙石，而其毗邻陆地的部分被称为海岸或者海滩。[3] 西塞罗正确地指出："就像对在海中撒网的人们来说，海

---

　　〔1〕《查士丁尼法典·学说汇编》VIII，4，13。

　　〔2〕《查士丁尼法典·学说汇编》XLI，1，14；科米纳：《回忆录》III，2；多尼鲁斯：【《市民法评论》】IV，2；《查士丁尼法典·学说汇编》XLI，3，49。［菲利普·德·科米纳（1445~1509）是一位法兰西历史学家，也是1493年《桑利条约》的谈判者之一。］【多尼鲁斯（1527.12.23~1591.5.4）是一位法兰西法学教授和人文主义法学派代表人物之一。他最著名的著作是《市民法评论》一书。】

　　〔3〕《查士丁尼法典·学说汇编》I，8，10。

洋是供所有人共同使用的一样，对在岸边垂钓的人们来说，海岸也是供所有人共同使用的。"〔1〕维吉尔也认为，空气、海洋和海岸应对所有人开放。

　　由此可见，空气、海洋等就是罗马人所说的根据自然法向所有人开放的"共有物"，〔2〕或者像我们讲过的那样，是根据万国法所谓的"公有物"。的确，在使用这些物的时候，罗马人有时称它们是"共用的"，有时称它们是"公用的"。然而，尽管就私人所有权而言，把空气、海洋等称为"无主物"并非没有道理，但是，它们与那些虽然也被称为无主物，但并没有明确界定为可以共同使用的物，如野生动物、鱼和鸟类等，仍然存在很大区别。因为对后一种类型的物来说，一旦有人捕获并占有了它们，它们就可以成为私人所有权的客体。然而，对于空气、海洋等前一种类型的物，根据全人类的共识，由于它们存在被普遍使用的可能性，因而永远被免于成为私人所有权的客体。同时，因为它们属于所有人，所以，就像你不能从我手中夺走我的财产一样，任何人不能把它们从所有人手中夺走。西塞罗指出，正义之神赐给我们的最重要的礼物之一就是我们可以为共同利益而使用共有财产。经院派学者把这两种类型的共有物中的一种定义为积极意义上的共有，把另一种定义为消极意义上的共有。这种区别不但为法学家们所熟悉，而且表达了公众的看法。例如，在阿特纳奥斯¹⁵的作品中，主人指出：海洋是所有人的共有财产，但捕获的鱼却是捕捞

---

〔1〕　西塞罗：《论责任》I，52。

〔2〕　《查士丁尼法典·法学总论》II，1，1和5；《查士丁尼法典·学说汇编》I，8，1，2，10；XLI，1，14和50；XLVII，10，13；XLIII，8，3和4~7。

者的私人财产。在普劳图斯[16]的剧作《鲁登斯》中，当奴隶说
"海洋肯定是所有人共有的"的时候，渔夫对他的话表示赞成；但
是，当奴隶补充说"在共有的海洋中发现的一切都属于共有财产"
的时候，渔夫正确地表示了反对意见，他指出："我用我的渔网和
钓钩捕捞的一切完全属于我自己的财产。"[1]

　　因此，海洋无论如何都不能成为任何人的私有财产，因为大
自然不但允许而且命令人们共同使用海洋。[2] 与此相同，海岸也
不能成为任何人的私有财产。如果要对它们实施先占，必须满足
两个条件：一是此类物的任何部分依其性质可以被先占；二是它
们成为先占者的财产后不得影响对它们的共同使用。这两个限制
条件应该得到承认。假如没有这两个条件的限制，将可能导致此
类共有物全部被置于私人所有权之下的后果。

　　因为按照蓬波尼乌斯[17]的说法，建造建筑物属于一种先占，所
以，在海岸上建造建筑物是允许的，只要此类活动不会给其他人
带来不便，[3] 也就是说，只要建造活动不会妨碍对海岸的公共或
者共同使用（在这个问题上，我赞成斯凯沃拉[18]的观点）。在满足
前述两项条件的情况下，任何在海岸上建造建筑物的人都将成为
该建筑物所占之地的所有人。由于这块土地既不是其他任何人的
财产，也不是共同使用不可或缺的，因此，它可以成为先占者的

---

　　〔1〕　普劳图斯：《鲁登斯》第4幕，第3场（975, 977, 985）。

　　〔2〕　多尼鲁斯：【《市民法评论》】IV, 2。

　　〔3〕　《查士丁尼法典·学说汇编》XXXIX, 2, 24；另见《查士丁尼法典·法学总
论》II, 1, 1和5；《查士丁尼法典·学说汇编》I, 8, 1, 2, 10；XLI, 1, 14和50；
XLVII, 10, 13；XLIII, 8, 3和4~7。

财产。不过，先占者所有权持续的时间不能超过其建筑物存在的时间，因为海洋似乎在本质上与所有权是不相容的。这好比一只野生动物，如果它逃走并因此恢复了自然的自由状态，它即不再是属于捕获者的财产。基于同样的道理，海洋也可能恢复它对海岸的占有。

我们已经说明，任何可以通过先占使其成为私有财产的物也可以被以同样的方式使其成为公共财产，即整个国家的私有财产。[1] 正因为如此，塞尔苏斯[19]认为，罗马帝国疆域范围内的所有海岸都是罗马人民的财产。因此，对于罗马人民通过他们的皇帝或行政长官将对海岸进行先占的权利授予其臣民的行为，没有什么值得大惊小怪的理由。不过，与私人的先占一样，公共的先占也需要受这种条件的限制，即它不应当侵犯国际的权利。鉴于这一点，罗马人民不得禁止任何人行使停靠海岸的权利，[2] 不得禁止任何人行使在海岸上晾晒渔网的权利，也不得禁止任何人行使人类很早以前即已确定在任何时候都允许行使的所有其他权利。

但是，海洋的性质不同于海岸，因为除了非常有限的范围以外，人们既难以在海上建造建筑物，也无法把海洋围起来；况且即使真的可能在海上建造建筑物或者把海洋围起来，它也几乎不可能不妨碍对海洋的一般利用。不过，如果只是以上述方式对一小部分海洋实施先占，则这种先占可以得到承认。在这里，我们

---

〔1〕　多尼鲁斯：【《市民法评论》】IV，2；另见《查士丁尼法典·法学总论》II，1，1和5；《查士丁尼法典·学说汇编》I，8，1，2，10；XLI，1，14和50；XLVII，10，13；XLIII，8，3和4~7。

〔2〕　《查士丁尼法典·学说汇编》I，8，4；XLIII，8，3。

有必要引用贺拉斯著名的夸张表述：

> "当用石块砌成的防波堤伸入海水深处后，
>
> 鱼类感到海洋变得狭窄起来。"[1]

塞尔苏斯认为，在海里打下的木桩属于打桩的人。[2] 但如果因此妨碍了对海洋的使用，这种行为就是不允许的。乌尔比安指出，任何建造防波堤的人都必须保证不会损害任何其他人的利益；如果可能对其他人的利益造成损害，则必须适用以下禁令："不得在公共场所建造任何建筑物。" 与此相同，拉贝奥[20] 主张，如果需要在海上进行任何建造活动，则应当执行以下禁令："不得在海上建造任何可能有损港口、锚地或航道等处航行安全的建筑物。"[3]

适用于航行的原则同样适用于捕鱼，即海洋对所有人开放，所有人都享有在海上捕鱼的自由。但是，如果有人用木桩把一小片海湾围起来作为自己的鱼塘，并使其成为一块私人领地，这种行为并不会损害海上的捕鱼自由。卢库卢斯[21] 曾经穿过那布勒斯附近的一座山开凿了一条水渠，把海水引到他的别墅里面。[4] 我怀疑瓦罗[22] 和科卢梅拉[23] 提到的用于捕鱼的海水水库也是引来海水形成的。当马提雅尔[24] 谈到阿波利纳里斯【即普林尼（小）[25]——中译者注】在福尔米亚[26] 的别墅时，他心中想到的应该是这样的情景：

> "当涅柔斯[27] 感觉到埃俄罗斯[28] 的威力时，

---

〔1〕　贺拉斯：《歌集》III，I，33~34。[贝内特（勒布）译本，第171页。]

〔2〕　《查士丁尼法典·学说汇编》XLIII，8，3；8，2。

〔3〕　《查士丁尼法典·学说汇编》XLIII，12，1。

〔4〕　普林尼（老）：《博物志》IX，54，170。

餐桌上按时供应的海鲜却对狂风露出讽刺的笑容。"[1]29

　　对于同样的主题，安布罗斯（圣）30 这样说道："为了不再缺乏食用的鲜鱼，你把海水引入自己的庄园。"[2] 根据上述言论，保罗【法学家保罗31——中译者注】下面一句话的含义就非常清楚了："如果有人对海域享有私有权利，则应当适用保持占有的规则。"[3] 但是，保持占有的规则只适用于私人诉讼，不适用于公共诉讼，而可以根据共同的万国法提出的诉讼主张应该被包括在这样的公共诉讼中。然而，这里涉及的是在私人诉讼中，而不是在公共诉讼或共同诉讼中的使用权问题。因为按照马西亚努斯32 权威的观点，已经被先占和能够被先占的一切[4]将不再像海洋那样受万国法的调整。举例来说，假如有人阻止卢库卢斯或者阿波利纳里斯在他们将一小部分海湾圈起来形成的私人鱼塘中捕鱼，按照法学家保罗的说法，他们就有权要求颁布一项禁令，而不仅仅是基于私人所有权提起损害赔偿之诉。[5]

　　实际上，就像在一条河的河汊上把一小块水域围起来一样，如果我在一个小海湾中用木桩隔出一小片海域并在其中捕鱼，特别是许多年来我一直这样做，以证明自己有意在该片海域建立私人所有权，那么，我当然有权阻止任何其他人在这里享有同样的权利。我从马西亚努斯的言论中看到，这种情况和取得一个湖泊

---

〔1〕　马提雅尔：《铭辞集》X，30，19~20。
〔2〕　安布罗斯（圣）：《论拿伯》，cap.3。
〔3〕　《查士丁尼法典·学说汇编》XLVII，10，14。
〔4〕　《查士丁尼法典·学说汇编》I，8，4；XLIII，8，5。
〔5〕　《查士丁尼法典·学说汇编》XLIV，3，7。

的所有权完全相同。不过，就像我们前面讲到的海岸的情形一样，要取得对这一部分海域的所有权，的确也需要长期持续的占领。但如果超出小海湾的范围，则不能把海域围起来作为私人财产，因为这样做可能妨碍对海洋的共同使用。[1]

如果禁止他人在我城镇的房屋或者乡下的住宅前面钓鱼，这种禁止行为即构成一种非法侵占。虽然乌尔比安没有特别关注这个问题，但他确实指出，如果有人在钓鱼时被禁止，他可以提起损害赔偿之诉。[2] 我们不能接受利奥皇帝【利奥一世33——中译者注】制定的法律，因为他改变了这一点，违背了法律的初衷。利奥皇帝宣布说，如同房屋的门廊一样，作为进入海洋的通道的近岸水域是居住在海岸上的人们的私有财产，他们在那里享有捕鱼的权利。[3] 不过，利奥皇帝对此附加了一个条件，那就是：这个地方已经被人们以修建栈桥的方式，或者用像希腊人所称的"木桩"那样的木材建筑实施了先占。他无疑认为，那些被允许在海洋的任何地方捕鱼的人不应当妒忌其他人取得这么一小块海域。可以肯定的是，假如一个人要剥夺公众对大面积海域的使用权，即使能够做到这一点，他也必然会引发人们无法遏制的怒火。一位圣贤对这种行为进行了正义的谴责，他指出："世俗的领主们以主张所有权的方式对广阔的海洋提出权利主张，他们把捕鱼权视为一种使役权，认为这种权利与他们对自己的奴隶的权利完全相

---

〔1〕《查士丁尼法典·学说汇编》XLI, 3, 45。

〔2〕《查士丁尼法典·学说汇编》XLVII, 10, 13。

〔3〕《利奥一世新律》102, 103, 104；另见居雅斯：【《法律意见》】：XIV, 1。【居雅斯（1520~1590）是一位法兰西法学家。】

同。他们中有人说：‘这个海湾是属于我的，那个海湾是属于他的。’这些傲慢无知的人啊！他们竟然要在他们之间瓜分构成物质世界的基本要素！”[1]

总之，海洋是一种不属于商品的物，[2] 它不能成为私有财产。同时，严格地讲，海洋的任何部分同样不能被认为是属于任何国家的领土。当普拉森蒂努斯34 讲下面一句话的时候，他似乎已经认识到了这一点。普拉森蒂努斯说道："毫无疑问，海洋是属于所有人的共有物；除上帝以外，它不能成为任何人的财产。"约翰内斯·费伯也肯定地指出，海洋从来都是一种自权利物，它一直保持着当一切都属于共有物时的原始状态。[3] 如果不是这样，那么，"所有人的共有物"与那些被严格地称为"公有物"的物之间就没有区别了，也就是说，在海洋和河流之间就没有区别了。国家可以占有一条河流，只要它处在本国的边界内；但是，国家不能占有海洋。

正如私人财产来源于个人的先占一样，国家的公共领土来源于国家的先占。塞尔苏斯认识到了这一点，他对罗马人以不损害其被共同使用的方式先占的海岸和依然保持其自然的原始状态的

---

[1]　《创世六日》V，10，27。［这位圣贤是指米兰主教安布罗斯（圣）（约333~397年）］【根据《简明不列颠百科全书》第1卷"安布罗斯（圣）"词条中的记载，安布罗斯（圣）出生于公元339年。】

[2]　多尼鲁斯：【《市民法评论》】IV，6。

[3]　约翰内斯·费伯：《〈法学总论〉评注》II，1；《查士丁尼法典·学说汇编》XIV，2，9。［约翰内斯·费伯（约1570~约1640）是维也纳大主教和皇帝费迪南德【神圣罗马帝国皇帝斐迪南二世（1578.7.9~1637.2.15）】的宫廷牧师。他作为"打击异端的铁锤"而广为人知。］

海洋本身做了明确的区分。[1] 事实上，没有任何法律表明了与此相反的立场。[2] 那些持反对意见的学者们引用的法律或者是适用于明显可以被先占的岛屿，或者是适用于并非"共有的"而是"公有的"港口，即"国家的"港口。

那些主张特定海域属于罗马人民的人在解释他们的观点时指出，他们的意思是罗马人民的权利限于对这些海域的保护和管辖，并且把这种权利与所有权相区别。他们可能没有充分注意到这样的事实：尽管罗马人民有权在海上部署舰队以保护航行安全并惩罚被抓获的海盗，但他们这样做的依据不是私有权利，而是其他自由民族在海上同样享有的共同的权利。我们承认，有些国家同意，在海上的这个或那个部分抓获的海盗应当被置于这个或那个国家的管辖权之下，而且为方便起见，他们用某种界线在海上划分了各自行使管辖权的范围。然而，虽然这种协议确实可以拘束缔约方，[3] 但它对其他国家并没有拘束力，而且也不能使以这种方式划分的海洋区域成为任何一方的私有财产。这种协议只是确立了一种在缔约方之间有效的权利。

乌尔比安有一次在回答问题时确认，这种区分是完全符合自然理性的。当时，有人问道，一个拥有两处海洋资产的人在出售

---

〔1〕《查士丁尼法典·学说汇编》XLIII，8，3。

〔2〕《查士丁尼法典·学说汇编》V，1，9；XXXIX，4，15；注释法学派学者：《〈学说汇编〉评论》I，8，2；《查士丁尼法典·法学总论》II，1。另见巴尔杜斯在《〈学说汇编〉评注》I，8，2中对 L. Quaedam 的评论。

〔3〕巴尔杜斯：《论争端解决方法》"原则"一章开头部分，第二栏；《查士丁尼法典·敕令集》XI，13，1；安基勒斯：《〈学说汇编〉评注》XLVII，10，14；《查士丁尼法典·学说汇编》VIII，4，13和4。

其中任何一块时，他是否可以强加这样一种地役权，即禁止在海洋的特定部分捕鱼。乌尔比安回答说，目前产生争议的标的物显然是海洋，而海洋不能被置于地役权之下，因为本质上海洋应当向所有人开放；但是，由于一项根据诚实信用原则签订的契约要求交易条件应当得到尊重，因此，现在的占有人和以后继承其权利的人有义务遵守规定的条件。的确，这位法学家谈论的是私人财产和私法的问题，不过，在讨论国家领土和公法的时候，也应当适用同样的原理，因为从整个人类社会的角度来看，国家应该被当作个人一样看待。

　　基于相同的道理，对在海上从事渔业活动征收的捐税被认为是属于王室的收入，但是，这种征税的权力并非旨在拘束海洋本身或者渔业活动，它只对从事渔业活动的个人有拘束力。[1] 对一个国家的臣民来说，由于国家或其统治者根据共同同意有权制定要求他们遵守的法律，因此，他们也许不得不承担这种捐税。至于其他人，因为他们享有在海洋的任何地方捕鱼的权利，所以，应当被豁免在海上的所有通行税，以免对不允许设置任何地役权的海洋强加一种地役权。

　　海洋与河流的情况不同。[2] 因为河流是国家财产，国家或其统治者可以转让或出租在河流中的捕鱼权，其条件是按照"有权出租之人已将使用有关场所的特权出租给另一方"[3] 的条款，承租人基于"替代公众原有权利"的规定，取得了在河流中的捕鱼

---

　　[1]　《论封建》"王室有何特权"。

　　[2]　巴尔杜斯：《论时效》IV, 5; 1, q. 6, n. 4。

　　[3]　《查士丁尼法典·学说汇编》XLVII, 10, 13; XLIII, 9, 1。

权（古代人确实是这样做的）。但是，在海洋捕鱼的问题上，不可能出现这种条件。最后，正如伊塞尔尼亚[1]和阿尔瓦图斯（Alvotus）[2] 指出的那样，那些把捕鱼权视为王室财产一部分的人没有充分认真地研究他们为证明自己的论点引用的那一段话。

因此，这一点已经得到清楚的证明，即不论是国家还是个人，都不能确立对海洋本身的私有财产权（我在这里把小海湾排除在外），因为无论是基于海洋的性质还是其供公众使用的原因，都不允许对海洋实施先占。[3] 我们之所以要对这个问题进行辩论，是因为葡萄牙人显然没有能够在人们前往东印度群岛经过的海域确立其私人所有权。与所有其他案件相比，在本案中阻碍葡萄牙人确立所有权的两个理由无疑更为有力。在其他案件中似乎只是困难的问题，在本案中完全不可能解决；在其他案件中我们认为只是非正义的主张，在本案中完全是最野蛮和不人道的。

本案争议的问题并非四面被陆地包围且有些地方的宽度甚至比河流还要狭窄的内海，尽管大家都知道罗马的法学家们在谴责私人贪婪欲望的著名论述中谈到过这样的内海。不！现在引起争议的是外海，是辽阔的大洋，是自古以来被描述为波澜壮阔、无边无际，以天为界和作为万物之母的海洋！古代的人们相信，海洋永远不会枯竭，她的水源不仅来自喷泉、河流和内海，而且来

---

〔1〕　[安德里亚·德·伊塞尔尼亚（约 1480~1558）是一位意大利注释学家，他经常被称为"费得斯特拉姆宗主教"。]

〔2〕　[此处可能存在印刷错误，应当是阿尔瓦鲁斯（Alvarus）或阿尔瓦雷斯（Alvarez）。]

〔3〕　参见《论封建》"王室有何特权"。

自天上的云彩和星辰。虽然波涛汹涌、潮起潮落的海洋环绕着作为人类家园的地球，但人类既不能占有它，也不能把它围起来。不！与其说是陆地拥有海洋，不如说是海洋拥有陆地。

　　另外，本案争议的问题也不是海洋中的海湾或海峡，甚至不是在岸上目力所及的那一部分海域。［但这个问题也需要予以考虑！！］按照葡萄牙人的主张，将相距遥远且自古以来从不互通音讯的世界的两个部分分隔开来的整个浩瀚无垠的海洋都属于他们所有。事实上，如果我们考虑到西班牙人提出的和葡萄牙人如出一辙的对海洋份额的主张，我们会发现，几乎全部海洋都被置于了这两个国家的权力之下，而世界所有其他民族则被限制在北方狭窄的一带海域内。在大自然将海洋分布在所有民族周围并相信它能够充分满足所有人类利用海洋的要求的情况下，把海洋据为己有是对大自然极大的欺骗。对于海洋这种无比庞大的物体，如果有人以相当于主权的权利把它保留给自己并禁止对它的普遍利用，他就应当被视为一个非理性地追求权力之人；如果有人禁止他人在海洋中捕鱼，他就难以逃脱贪婪成性的指责。既然如此，如果有人甚至禁止他人进行不会给自己造成任何损害的海上航行，我们应当如何评价他呢？

　　假如有人禁止其他任何人从他的火堆中取火或者利用他的火把发出的亮光，我应当谴责他违反了人类社会的法律，因为在无损于自身利益的条件下允许他人利用自己的所有物是人类社会法律的精神实质，正如恩尼乌斯[35]所言：

　　"在给朋友带来光明的同时，

他的火把依然光芒四射。"〔1〕

由此可见，当有利于他人同时又无损于自己利益的时候，一个人为什么不能与他人分享对接受者有益且对提供者无害的东西呢？〔2〕这些就是古代的哲学家们认为不仅应该提供给陌生人，甚至应该无偿提供的服务。〔3〕当不允许分享的行为涉及私人财产时，它可能引起妒忌；而当同样的行为涉及共有财产时，它必然意味着一种残忍。因为如果你把根据自然法和共同同意属于你我二人共有之物绝对地据为己有，甚至完全剥夺了我的使用权，尽管我对它的使用不会对你的利益带来任何减损，那么，这就是一种最无法容忍的行为。

此外，甚至那些为陌生人使用某些物品设置障碍或者把属于所有人的共有物据为己有的人依然有赖于对有关物品某种程度上的实际占有。因为私人财产权的建立取决于原始占有，所以，将物品掌握在自己手中是一种所有权的表现，尽管这样做可能是非正义的。然而，难道葡萄牙人已经像我们通常在陆地上所做的那样在海上建造了各种设施，从而能够完全占领整个海洋并有权排除他们希望排除的任何人从事海洋活动吗？不，情况完全不是这样！相反，他们远远没有做到这一点。当他们以损害其他国家利益的方式分割世界时，他们甚至拿不出任何自然或者人为的界线来为自己的行为进行辩护，因而只能被迫求助于某种想象出来的

---

〔1〕［引自西塞罗：《论责任》I，51。这里引用的是沃尔特·米勒（勒布）译本，第55页。］

〔2〕西塞罗：《论责任》I，51。

〔3〕塞内加（小）：《论利益》III，28。

界线。事实上，假如这也是一种可以得到承认的划界方法，而且以这种方法划定的边界线也足以使先占具有法律效力，那么，我们的几何学家们早已占领了整个地球表面，天文学家们也早已占领了整个天空。

然而，在本案中，哪里有对海洋实际或者有形的占领呢？在没有这种占领的情况下，所有权从何而来呢？看起来，我们的学识渊博的法学家表达的这种观点是最正确的：既然海洋像空气一样无法被实际占领，它就不能被置于任何国家的占领之下。[1]

假如葡萄牙人只是因为他们先于其他国家的人们进行了海上航行并似乎开辟了航线就可以声称他们先占了海洋，难道世界上还有比这更荒谬的事情吗？因为迄今为止，海洋的任何部分都有人在其上进行过航行，所以，按照以上逻辑，必然会得出这样的结论，即每一条航线都已经被某个人先占了。这样一来，我们今天的人们就会完全被排除在所有海洋之外。如果那些进行过环球航行的人声称，他们已经占有了整个海洋，为什么说他们的主张是不正当的呢？实际上，世界上所有人都知道，当一艘船在海上驶过以后，除了短暂地留下一条航迹以外，不会产生任何法律权利。至于葡萄牙人自以为是地认为在他们之前没有人在那片海域进行过航行，这完全不符合事实。因为摩洛哥附近存在争议的大片海域很早以前就有人在进行海上航行了，而且普林尼（老）和梅拉[36]告诉我们，由于亚历山大大帝东征的胜利，远至东方的阿拉

---

〔1〕　约翰内斯·费伯：《〈法学总论〉评注》II，1，5。

伯湾从此闻名天下。[1]

还有许多事实证明了这种观点，即加的斯[37]居民很早以前就熟悉了这条航线。因为在奥古斯都的儿子盖尤斯·凯撒[38][2]统治阿拉伯湾地区的时候，发现了不少被认为是西班牙沉船残骸的东西。塞利乌斯·安提帕特[39]也在他的作品中告诉我们，他亲眼见过一个曾经从西班牙航行到埃塞俄比亚进行商业贸易的西班牙人。如果科纳利乌斯·内波斯[40]所言属实，那么，阿拉伯人同样了解这些海域。内波斯曾经说过，在他生活的时代，一个名叫欧多克索斯的人从亚历山大的国王拉提鲁斯【即埃及国王托勒密九世[41]——中译者注】那里逃了出来，他从阿拉伯湾开始航行并最终到达加的斯。不过，到目前为止，最著名的是迦太基[42]人航海的事例。那些最有名的水手非常熟悉那片海域，因为在迦太基处于权力巅峰的时候，汉诺[43]曾经从加的斯航行到阿拉伯半岛最远的地方，并绕过今天被人们称为好望角的海岬。（它在古代的名字似乎叫希佩里恩角）。他在一本书中描述了他们航行的整条路线、海岸的外貌特征和岛屿的位置。他声称，当他们航行到达最远处的时候，海水依然一望无际，但他们的给养已经消耗殆尽了。

普林尼（老）在他的著作中讲述了通往东方的航线和从印度群岛前来觐见奥古斯都的使节，以及从锡兰前来觐见皇帝克劳狄【应为克劳狄一世[44]——中译者注】的使节，最后还记载了图拉真[45]

---

[1] 普林尼（老）：《博物志》II，69；VI，27。梅拉：《世界概览》III。

[2] ［严格地讲，盖尤斯·凯撒是奥古斯都的外孙，但被他收为养子。］

的事迹和托勒密[46]的著作。[1] 他讲述的内容清楚地表明，在古罗
马最辉煌的时期，从阿拉伯湾到印度和印度洋上的岛屿，甚至到
更加遥远且被许多人认为是日本的黄金半岛[47]的海上航行已经成为
一种习惯性的活动。斯特拉博[48]写道，在他生活的时代，有一支来
自亚力山大城的船队从阿拉伯湾航行到了埃塞俄比亚和印度遥远
的地方，尽管从前几乎没有船只进行过这样的尝试。[2] 罗马人也
从东方获得了非常可观的收入。普林尼（老）写道，为了保护船
只免受海盗的攻击，从事贸易的商船上配备了许多弓箭手。他还
指出，仅仅来自印度的收入，每年就要上缴罗马帝国国库 500 000
塞斯特斯[3]；如果加上阿拉伯地区和中国，罗马帝国每年取得的
财政收入达 1 000 000 塞斯特斯。[4] 另外，从东方带回来的商品的
售价是其原价的 100 倍。

这些引自古代的事例足以证明，葡萄牙人并不是最先到达世
界那一部分的人，甚至早在他们到来之前，人们已经在那片海洋
的每一个海域进行过探险活动。摩尔人[49]、埃塞俄比亚人、阿拉伯
人、波斯人和印度的各个民族怎么可能会对他们毗邻的海域一无
所知呢？

由此可见，今天，那些大言不惭地说自己发现了那片海域的
人无疑是在撒谎。

不过，有人会问，难道不是葡萄牙人付出巨大的努力和代价

---

〔1〕 普林尼（老）:《博物志》VI, 20。

〔2〕 斯特拉博:《地理概论》II 和 XVII。

〔3〕 ［一罗马塞斯特斯大约等于 4 分钱］。

〔4〕 普林尼（老）:《博物志》XII, 19。

并历尽艰辛首先恢复了可能已经被中断几个世纪，而且至少是欧洲国家尚不了解的航线的吗？（这一点不容否认）难道他们所做的一切不重要吗？的确，他们所做的一切非常重要。然而，假如葡萄牙人只是着重向所有人说明他们独自重新发现了去往东方的航线这一事实，没有人会不通情达理地承认应当对他们表示最诚挚的谢意。就像所有伟大事物的发现者一样，葡萄牙人将会赢得同样的感谢、赞扬和永久的荣誉，因为在任何时候，那些并非为自己而是为整个人类的利益竭尽全力的人都应当得到这样的待遇。不过，假如葡萄牙人眼里只有经济上的利益，他们早就应该知足了，因为首先进入一个新领域的人通常肯定会获得最大的利益。我们知道，葡萄牙人最初的航行给他们带来了超过原来的投资大约40倍的回报，有时甚至更多的回报。通过海外贸易，葡萄牙人发生了这样的变化：那个从前长期处于贫困状态的国家的人民突然一夜暴富，一跃成为巨大财富的拥有者；他们极尽奢华，周围的一切看起来都那么的富丽堂皇，即使是那些最繁荣的国家在其财富处于巅峰时期也很少有如此奢靡的表现。

如果这些葡萄牙人在追求财富的问题上一意孤行，同时不允许别人与他们利益均沾，那么，他们就不配得到别人的感谢，因为他们考虑的只是自己的利益。事实上，葡萄牙人也不能把这种利益称为自己的利益，因为他们占有的是别人的利益。其原因在于根本没有办法证明这样一种推论：假如葡萄牙人没有首先到达东印度群岛，其他人就不可能到达那里。时代在快速发展，随着其他科学领域的进步，人们对海洋和陆地地理位置的了解与日俱增。前面提到的古代人探险的故事唤起了人们对远方的兴趣，即使所有未知的海岸一如既往地没有任何人涉足，它们也会通过海上航行的发展逐步被人们发现，而每一个新的发现都将为下一个发现指明道路。葡萄牙人所显示的他们可以做到的事情，其他人最终也能做到，因为许多国家的人民和葡萄牙人一样热衷于从事商业活动并渴望探索未知的事物。对印度已经非常了解的威尼斯人准备进一步加深他们对印度的认识；有着持久热情的布列塔尼[50]的法兰西人和具备英勇无畏精神的不列颠人同样不可能不进行这样的尝试；而荷兰人实际上更早已义无反顾地投身于海上贸易和探险的事业之中了。

因此，葡萄牙人既没有正当理由也没有值得尊敬的权威学者支持自己的立场。因为所有那些假设海洋可以被置于某个人主权之下的人们都主张把海洋分给对最近的港口以及临近的海岸拥有权力之人。[1] 但是，在蜿蜒不断一直伸展到东印度群岛的全部海岸线上，除了几个设防的据点以外，葡萄牙人不能把其他任何东西说成是他们自己的财产。

另外，就像罗马人无权禁止任何其他人在他们控制下的海岸从事任何万国法允许的活动一样，即使一个人已经控制了海洋，他仍然不能剥夺任何对海洋的共同使用。[2] 退一步讲，即使有可能禁止实施任何万国法允许的行为，比如，为了防止鱼类可能灭绝而禁止捕鱼，但无论如何也不可能禁止海上航行，因为海洋不会因为人类在其上进行航行而枯竭。

---

〔1〕 注释法学派学者：《〈天主教教会法典大全·第六卷〉评注》Ⅵ，Ⅰ，6，3；《〈学说汇编〉评注》Ⅱ，12，3。

〔2〕 《学说汇编》Ⅰ，8，4；真蒂利：《战争法三集》Ⅰ，19。

　　总之，到目前为止，我们根据著名法学家们的意见对这个问题得出的最具结论性的观点是：即使通过国家或者个人行为土地已经被转变为私有财产，但否定无论来自任何国家的人均享有非武装和无害地通过土地的权利依然不具有正当性，这与不得否定任何人都享有饮用河水的权利完全相同。其道理很清楚：根据其性质，同一物品可能有不同用途：一方面，对于那种只有被置于私有财产权下才有利于发挥其作用的用途，各国似乎已经在它们之间作了分配；另一方面，对于那种对其进行利用不会损害所有权人利益的用途，它仍然被保留给了每一个人。

　　由此可见，任何禁止别人进行海上航行的人在法律上都得不到任何支持。乌尔比安指出，他甚至有义务赔偿因此给别人造成的损害。[1] 其他法学家们还认为，可以对他发出有利于使用人的禁制令。[2]

　　最后，由于人们普遍承认，即使没有得到任何统治者的允许，海上航行也应当对所有人开放，因此，荷兰人请求获得救济的根据是普遍性的共有权利。西班牙的法律中特别清楚地表明了这一点。[3]

---

　　〔1〕《查士丁尼法典·学说汇编》XLIII，8，2。

　　〔2〕注释法学派学者：《〈学说汇编〉评注》XLIII，14。

　　〔3〕巴尔杜斯：《〈学说汇编〉评注》I，8，3；佐里乌斯：《航海守则》I，3，28；L，10 和 12。［安特卫普的菲利普斯·佐里乌斯（？～1606）。］

中译者注

1　赫西奥德　Hesiod（创作时期公元前 8 世纪）：希腊最早的史诗诗人之一。在西方文化中，他第一个把劝诫或教训写入诗中。他的《神谱》记述了诸主宰神之间为争夺权力而进行的血腥战斗。他的另一部著作《工作与时日》则说明人类在尘世间的处境在他所谓"铁的时代"是很悲惨的。他原来是牧人，后来才成为诗人和歌手。他一生大部分时间在埃利孔山麓附近的阿斯克拉村度过。（《简明不列颠百科全书》第 3 卷，第 753 页。）

2　黄金时代　Golden Age：在拉丁文学中指约公元前 70 ~ 公元 18 年这段时期。这是一个文学成就突出的时期，作为文学媒介的拉丁文达到尽善尽美的地步，作者们写出了大量拉丁文杰作。它通常又分为两个主要时代：公元前 70 ~ 前 43 年的西塞罗时代；公元前 43 ~ 公元 18 年的奥古斯都时代。（《简明不列颠百科全书》第 4 卷，第61 页。）

3　萨图恩　Saturn：古罗马宗教所信奉的司掌播种或种籽的神灵。罗马人认为他就是希腊的农事之神克洛诺斯。萨图恩节是罗马最著名、最欢乐的节期，原定在 12 月 17日，后来延长至 7 天以上。节日期间停止一切工作，奴隶享受暂时的自由，一些伦理戒条放松，人们互相馈赠。（《简明不列颠百科全书》第 6 卷，第 861 页。）

4　西塞罗　Cicero（公元前 106 ~ 前 43.12.7）：罗马政治家、律师、古典学者、作家。在导致罗马共和国灭亡的内部斗争中，他徒劳地维护共和制度，但作为罗马伟大的演说家名垂史册。他出生于阿尔皮努姆，在罗马和希腊受过良好教育。他曾服军役，然后从政。公元前 63 年，他当选为执政官。在政治上，他先支持安东尼，反对凯撒；后又对安东尼进行抨击。公元前 43 年"后三头"同盟形成后不久，他被杀害。他传下58 篇演说辞，大量诗词、书信和哲学著作。（《简明不列颠百科全书》第 8 卷，第431 ~ 432 页。）

5　阿维亚努斯　Avienus（创作时期公元 4 世纪）：拉丁语作家。他是沃尔西人，曾经把阿拉托斯著名的六音步说教诗《物象》翻译为拉丁文。他写过一篇名为《海岸》的长诗，诗中描述了当时世界已知的沿海地区。如果 17 世纪出版的一本传记中的人物的确是他，则说明他曾两次被任命为政府高级官员。（http://en.wikipedia.org/wiki/Avienus.）

6 昆体良　Quintilian（约35~96）：古罗马修辞学家和教师。他出生于西班牙，受教于罗马，并得到了第一流雄辩家的培训。在罗马皇帝韦斯巴芗统治时期（69~79），他是第一名领取国家薪俸的拉丁修辞学教师；在提图斯和图密善统治期间，他成为罗马的首席教师。他的巨著《雄辩家的培训》反映了古代后期的教育思想。根据该书的论述，教育的首要目的是造就熟练的演说家。他的教育理论具有永久的价值。(《简明不列颠百科全书》第4卷，第867页。)

7 赫莫吉尼亚　Hermogenianus（活动时期公元3世纪后期~4世纪初期）：古罗马著名法学家。他的主要著作有《赫莫吉尼亚法典》《法律摘要汇编》等，它们成为公元6世纪编纂《查士丁尼法典》的主要资料来源之一。据统计，他的《法律摘要汇编》在《查士丁尼法典·学说汇编》中被摘录了106处；《赫莫吉尼亚法典》构成《敕令集》的主要部分之一。他是罗马骑士团的成员，曾经担任禁卫军长官。(http://en. wikipedia. org/wiki/Hermogenianus.)

8 奥维德　Ovid（公元前43~公元17）：古罗马最伟大的诗人之一。他出生于一个古老的家族，曾在罗马修辞学校和雅典精修学校学习，后与朋友游历希腊。他做过小司法官，不久后专门从事写诗。他的诗丰富了拉丁文诗的宝库，对欧洲文学的影响最大。他以三种重要的文体发表了作品：（1）已失传的悲剧《美狄亚》；（2）12卷的《岁时记》叙述了罗马年及其宗教节日；（3）杰作《变形记》是用六韵步诗行写成的15卷长诗，是神话与传奇的集锦。他晚年被奥古斯都放逐到黑海边的托弥，后在那里去世。(《简明不列颠百科全书》第1卷，第383页。)

9 坎帕尼亚　Campania：意大利南部地区。它濒临第勒尼安海，在加里利亚诺河和波利卡斯特罗湾之间。早期由希腊殖民者和埃特鲁里亚人定居。公元前6世纪建区，以卡普阿市为中心。公元4世纪末，全区罗马化，后成为罗马的一个区。(《简明不列颠百科全书》第4卷，第624页。)

10 阿尔皮诺　Arpino：意大利拉齐奥地区城镇。西塞罗、阿格里帕和马略诞生于此。它的巨大的石砌城墙是沃尔西人所建，遗迹至今仍围绕着该城。(《简明不列颠百科全书》第1卷，第46页。)

11 图斯库卢姆　Tusculum：拉丁姆的意大利人古代城市。它位于罗马东南15英里处。在罗马共和国晚期和帝国时代，它是罗马富人的疗养胜地。西塞罗在当地有一座别墅，并在此完成了他的哲学著作《图斯库卢姆谈话录》。在1191年的一次战争中，它被罗马人完全毁灭。(《简明不列颠百科全书》第8卷，第21页。)

12 修昔底德 Thucydides（约公元前460以前~前404以后）：希腊最伟大的历史学家。他出生于雅典，公元前424年当选为十位将军之一，受命指挥色雷斯海域的舰队。因为他未能守住安菲波利斯城，故被召回受审并被逐出雅典，直到公元前404年才返回。他的著作《伯罗奔尼撒战争史》从军事、政治和伦理方面论述了公元前431年~前404年雅典和斯巴达之间的战争，它对后来的历史学家产生了不可估量的影响。(《简明不列颠百科全书》第8卷，第700页。)

13 乌尔比安 Ulpian（? ~228）：罗马法学家和帝国官员。他的著作为查士丁尼一世的《查士丁尼法典·学说汇编》的全部内容提供了三分之一的材料。他曾经为帕皮尼安的著作进行了注释，并担任过卡拉卡拉皇帝的祈祷司仪官和塞维鲁·亚历山大的执政长官。他的主要著作是评注《萨宾派民法》（51卷，注释民法，未完成）与《民法和告示》（81卷，有关裁判官的告示）。《查士丁尼法典》的编纂者们大量引用了他的上述著作以及其他论文和专题著作。(《简明不列颠百科全书》第8卷，第311~312页。)

14 卢西乌斯·涅拉修斯·普里斯库斯 Lucius Neratius Priscus（50~?）：古罗马政治家和著名法学家。他第一个为人所知的公职是大约在79~80年担任军事保民官。83~84年他担任裁判官，后进入元老院。他曾在97年5~6月短期出任罗马执政官，后来还担任过下日耳曼行省总督（98~101）和潘诺尼亚行省总督（102~105）。他一度是普罗库卢斯学派的首领，曾在法律问题上为图拉真皇帝提供帮助。他也是后来哈德良皇帝的法律顾问之一。他的作品有《规则汇编》15卷、《羊皮纸文稿》7卷等。(http://en.wikipedia.org/wiki/Lucius_Neratius_Priscus.)

15 阿特纳奥斯 Athenaeus（活动时期约公元200年前后）：古希腊语法学家。《欢宴的智者》是他的重要著作。它是一部以贵族酒会形式写成的作品，叙述了许多学识渊博的人在一次宴会上相遇的故事。该书的价值部分地在于保存了已散佚的古代作品中的大量引文。它征引范围广泛，多达800位作者，同时提供了古代社会生活各方面不寻常的资料。(《简明不列颠百科全书》第1卷，第157页。)

16 普劳图斯 Plautus（约公元前254~前187）：古罗马著名喜剧作家。他是与泰伦提乌斯齐名的喜剧作家，生平不详。他的剧本大多取材于公元前4世纪末和公元前3世纪初的希腊"新喜剧"。西塞罗十分欣赏他运用拉丁语的才能。他是一位真正大众化的戏剧家，喜剧效果来自夸张、诙谐的描写，但也承认正直、忠诚、崇高的品格是美德。他的原作没有保存下来，在罗马学者瓦罗时代看到的已是经过改动的演出本。（《简明不列颠百科全书》第 6 卷，第 540 页。）

　　17　蓬波尼乌斯　Pomponius（活动时期 2 世纪）：罗马法学家。他生活在哈德良、安东尼·庇护和马可·奥勒利乌斯在位时期，著有《蓬波尼乌斯手册》等法学著作。《查士丁尼法典·学说汇编》和乌尔比安以及法学家保罗都引用过他的论述。（《战争与和平法》（英文版），"引文作者索引"，第 904 ~ 905 页；http: //en. wikipedia. org/wiki/Sextus_Pomponius. ）

　　18　斯凯沃拉　Scaevola（？ ~ 公元前 82）：罗马法学家。他是对罗马法进行科学研究的创始人。在公元前 95 年担任执政官时，他和其他人一起使《李锡尼·穆西亚法》得以通过。卸任执政官后，他出任亚细亚总督，并在约公元前 89 年被任命为大祭司。他是一套 80 卷本的民法论著和一部法规、司法判例和古代文献汇编的作者，该汇编经常被后世作者援引和仿效。他的一本名为《解说》的手册是《查士丁尼法典》中所摘引的最古老的著作。（《简明不列颠百科全书》第 7 卷，第 426 页。）

　　19　塞尔苏斯　Celsus（67 ~ 130）：古罗马著名法学家。他出生在上意大利地区，成年后从政。从公元 106 年或 107 年任裁判官开始，他担任过色雷斯总督、两任执政官、罗马亚洲殖民地总督等重要官职。作为法学家，他的主要著作是一部 39 卷的《法律摘要》。他曾提出"不可能履行的义务无效"这样一条法律格言。《查士丁尼法典·学说汇编》多处引用了他的言论。（http: //en. wikipedia. org/wiki/Publius_Juventius_Celsus. ）

　　20　拉贝奥　Labeo（？ ~ 10/11）：意大利桑尼特人的罗马法学家。他年轻时拥护罗马共和政体，反对帝国形式的政府，但仍然被奥古斯都任命为裁判官。他被认为是法学史上最有创新精神的思想家之一。他的现存部分著作（据说他曾写过 400 本书）和后来的法学家对他的观点的大量援引足以证明他享有进步的法律解释者和创造者的声誉。他被视为是以他的信徒普罗库卢斯命名的普罗库卢斯法学派的创始人。（《简明不列颠百科全书》第 5 卷，第 4 页。）

　　21　卢库卢斯　Lucullus（约公元前 117 ~ 前 56）：罗马大将。他在公元前 88 年任财务官，曾经参加苏拉向罗马的进军，后来又先后担任营造官和行政长官。公元前 74 年，本都国王米特拉达梯入侵罗马的比提尼亚行省，他担任西利西亚和亚细亚总督，指挥罗马军队作战，并于公元前 72 年在卡比拉击败敌人。他非常富有，在罗马城外、图斯库卢姆和那不勒斯有许多庄园。在那不勒斯的一处庄园里有一个人造海水池塘。（《简明不列颠百科全书》第 5 卷，第 385 页；http://en. wikipedia. org/wiki/Lucullus.)

22　瓦罗　Varro（公元前 116~前 27）：罗马伟大的学者和卓有成就的讽刺作家。他多才多艺，但主要兴趣在于拉丁文学和罗马古文物。他学识渊博，是一位多产的作家。他的著作约 74 部，600 多卷，涉及法学、天文、地理、教育、文学，以及讽刺作品、诗歌、演说词及信札，后来得以留存的唯一完整的作品是《论农业》。他曾参加当时的政治活动，支持庞培。公元前 47 年，凯撒任命他为图书馆馆长。（《简明不列颠百科全书》第 8 卷，第 94 页。）

23　科卢梅拉　Columella（公元 1 世纪~?）：罗马军人和农民。他写过很多农业和有关题材的著作，目的是提高对农业和朴素生活的热爱。他的著作流传下来的有《论农村》和《论树木》。这两本著作的英文合译本题为《论农业》（1745 年出版）。（《简明不列颠百科全书》第 4 卷，第 696 页。）

24　马提雅尔　Martial（约 38/41~约 104）：罗马著名铭辞作家。他出生于罗马在西班牙的移民地比尔比利时，刚过 20 岁即来到罗马。经过多年的努力，他最后得享终身骑士的特权。他的第一部诗集发于公元 80 年，后来发表了许多卷铭辞集，共 1 500 多首，全面反映了当时的社会情况。他实际是现代警句诗的开山祖师，他的诗千百年来受到无数读者的赞美。（《简明不列颠百科全书》第 5 卷，第 649 页。）

25　普林尼（小）　Pliny the younger（61/62~约 113）：罗马作家和行政官员。他是作家普林尼（老）的养子，18 岁开业当律师，在民事法庭中卓有声誉。他于公元 93 年任裁判官，公元 100 年任执政官。他还担任过罗马的比提尼亚和本都行省总督，三次出任图拉真皇帝司法委员会成员。他留下了一批富有文学魅力的私人信札，其中描述了罗马帝国全盛时期的社会生活和历史事件。他非常富有，有许多别墅，主要不动产在今天意大利中部的翁布里亚。（《简明不列颠百科全书》第 6 卷，第 549 页；http://en. wikipedia. org/wiki/Pliny_the_younger.)

26　福尔米亚　Formia：原称莫拉迪加塔，意大利拉齐奥区城镇。它临加埃塔湾，原为古代沃尔西人城镇，后来成为古罗马的避暑胜地。它以出产葡萄酒著名，现有史前巨石城墙和一些古罗马遗迹。（《简明不列颠百科全书》第 3 卷，第 206 页。）

27　涅柔斯　Nereus：希腊神话中的海神。他以智慧、预言天赋和变形的本领而闻名。他是蓬托斯和大地女神该亚的儿子。希腊英雄赫拉克勒斯在寻找金苹果时，曾与以多种化身出现的涅柔斯角力，终于得到他的指点。(《简明不列颠百科全书》第6卷，第273页。)

28 埃俄罗斯 Aeolus：希腊神话中的风神。在荷马的作品中，他是风神和埃奥利亚浮岛的统治者。在《奥德赛》中，他使奥德修斯在归途中一路顺风并把一个装有逆风的口袋交给他。奥德修斯的同伴解开口袋，结果他们又被吹回了原来出发的岛。(《简明不列颠百科全书》第1卷，第176页。)

29 因为格劳秀斯的《海洋自由论》改写自他的《捕获法》第十二章，所以，《捕获法》第十二章中也有这一句话。虽然《海洋自由论》和《捕获法》的英译者对这一句话的翻译不尽相同，但其基本意思是指由于海水被引入内陆庄园后不再受海上风浪的影响，因此，即使在海上狂风大作无法出海捕鱼的时候，主人依然可以坐在餐桌前享用丰富美味的海鲜。

30 安布罗斯（圣） Ambrose, Saint（约339~397）：古代基督教拉丁教父。他在罗马出生和成长，约370年任伊米利亚-利古里亚省省长，住在米兰。公元374年，他被市民拥戴为主教，始受洗礼，任米兰主教。他熟读当代希腊著作，运用新柏拉图派哲学解释《圣经》的寓意，后来成为希波主教的奥古斯丁（圣）就是因为聆听他的传教而皈依了基督教。他谴责社会弊端，厉行禁欲，主张独身。(《简明不列颠百科全书》第1卷，第267~268页。)

31 法学家保罗 Paul the Jurist（? ~235）：罗马著名法学家。他曾为罗马皇帝塞维鲁和卡拉卡拉提供法律服务。公元222年，皇帝塞维鲁任命他为首席顾问；公元228~235年，担任禁卫军长官。他一生写作了319本各类法律作品，涉及各种法律主题。他的著作对其他法学家的意见进行了深入分析并表明了自己的观点。《查士丁尼法典·学说汇编》中引用最多的是他的作品；其次是乌尔比安的著作。(《战争与和平法》（英文版），"引文作者索引"，第917页；http://en.wikipedia.org/wiki/Julius_Paul_Prudentissimus.)

32 马西亚努斯 Marcianus（活动时期公元3世纪前期）：罗马法学家。他的生卒日期不详，应该是和法学家保罗以及乌尔比安同期的法学家。他发表了大量著作，主要有《法学总论》（16卷）、《公开审判》（2卷）、《上诉》（2卷）、《法规选集》5卷等。他的著作在罗马法学界有很大影响，《查士丁尼法典·学说汇编》中有275处引用了他著作中的片段，《查士丁尼法典·法学总论》也引用了他《法学总论》中的部分

内容。（http://en. wikipedia. org/wiki/Aelius_Marcianus. ）

33 利奥一世　Leo I（?　~474. 2. 3）：东罗马帝国皇帝（457~474 在位）。他早年从军，投身阿斯帕尔将军麾下。457 年 2 月 7 日，他被拥立为皇帝。他于 467 年策立安提米乌斯为西罗马皇帝；次年东西罗马合兵攻打北非的汪达尔人，遭到惨败。他曾主持制定一部名为《利奥一世新律》的法典。（《简明不列颠百科全书》第 5 卷，第 249 页；《战争与和平法》（英文版），"引文作者索引"，第 912 页。）

34 普拉森蒂努斯　Placentinus（?　~1192）：意大利法学家和注释学家。他来自皮亚琴查，曾在博洛尼亚大学教书。后来，他于 1160 年创建了蒙彼利埃大学法学院。（http://en. wikipedia. org/wiki/Placentinus. ）

35 恩尼乌斯　Ennius, Quintus（公元前 239~前 169）：叙事诗人、戏剧家兼讽刺作家。他曾在罗马教书并改编希腊剧本，也曾与包括大西庇阿在内的许多头面人物相处，关系融洽。他是早期拉丁诗人中最有影响者，被公认为罗马文学之父。他的叙事诗《编年记》叙述了从埃涅阿斯的漂流到自己所处时代的罗马，是一部民族史诗。他擅长写悲剧，从希腊剧本改编过来的戏剧尚存 19 个剧目，大半为欧里庇得斯的作品。在整个共和时期，西塞罗等人都很赞赏他的作品。（《简明不列颠百科全书》第 2 卷，第 788 页。）

36 梅拉　Mela, Pomponius（活动时期公元 43 年前后）：用古拉丁文撰写的唯一古代地理学论文《世界概述》的作者。该书于公元 43 或 44 年写成，其影响延续了 13 个世纪，直到人类进入探险时代。普林尼（老）在《博物志》中称其为权威之作。他的文章主要借用了希腊人的观点，资料多陈旧，但在古代地理学中有独到之处。例如，文章把地球作为宇宙中心，把世界分成北寒带、北温带、热带、南寒带和南温带五个区。（《简明不列颠百科全书》第 5 卷，第 756 页。）

37 加的斯　Cadiz：西班牙安达卢西亚省份。它东南滨地中海，西临大西洋，面积 7 385 平方千米。它的沿岸有直布罗陀和加的斯等重要海湾，伸入直布罗陀湾的塔里法角为欧洲大陆最南端的海岬。（《简明不列颠百科全书》第 4 卷，第 245 页。）

38 盖尤斯·凯撒　Gaius Caesar（公元前 20~公元 4. 2. 21）：罗马皇帝奥古斯都的外孙。他是奥古斯都最亲密的僚属阿格里帕和奥古斯都的女儿尤莉娅的长子。公元前 17 年，奥古斯都宣布他为自己的继承人。公元前 1 年，他以总督衔前往亚美尼亚处理遭到安息人入侵的该地区事务。他在试图平息当地一次叛乱时受了重伤，死于返回意大利的途中。(《简明不列颠百科全书》第 4 卷,第 608 页。)

39 塞利乌斯·安提帕特　Caelius Antipater(活动时期公元 200 年前后):希腊诡辩家和修辞学家。他是阿德里亚努斯和坡吕克斯的学生。虽然他在同一时代的学者中并非出类拔萃,但据说他在书信写作方面的艺术胜过其他所有人,因此,皇帝塞维鲁聘他为自己的私人秘书以及他两个儿子的教师。他后来被任命为比提尼亚和本都总督,68 岁去世。菲洛斯特拉托斯曾提到过他的作品。(http://en. wikipedia. org/wiki/Caelius_Antipater.)

40 科纳利乌斯·内波斯　Cornelius Nepos(约公元前 100~约前 25):罗马历史学家。他是西塞罗的朋友。他的主要著作有《名人传》《年代学》《轶事集》等。他的著作行文朴素,不以文体见长。(《简明不列颠百科全书》第 6 卷,第 200 页。)

41 托勒密九世　Ptolemy IX(? ~公元前 80):马其顿人埃及国王(公元前 116~前 110,公元前 109~前 107,公元前 88~前 80 在位)。他是托勒密八世之子,绰号"拉提鲁斯"。托勒密八世去世后,按照他的遗嘱,其遗孀克娄巴特拉三世成为埃及与叙利亚的实际统治者。迫于民意,她选择其子托勒密九世同她联合执政。由于母子不和,他两次被放逐。克娄巴特拉死后,他弟弟托勒密十世执政。因托勒密十世不得民心被逐,他于公元前 88 年独揽王权。(《简明不列颠百科全书》第 6 卷,第 200 页;http://en. wikipedia. org/wiki/Ptolemi_IX_Lathyros.)

42 迦太基　Carthage:古代最著名的城市之一。相传它是推罗的腓尼基人于公元前 814 年所建,位置在今天突尼斯市郊区。它建在北非海岸的一个三角形半岛上,南有狭长地带与大陆相连。它的居民是布匿人,经营商业。公元前 29 年,凯撒以它为罗马阿非利加行省的省会。它在 439 年遭到汪达尔人的蹂躏,705 年又被阿拉伯人占领,此后一蹶不振。(《简明不列颠百科全书》第 4 卷,第 285 页。)

43 汉诺　Hanno(活动时期约公元前 5 世纪):迦太基航海家。他在公元前 5 世纪进行了一次在非洲西海岸探险和殖民的航行。当时他率领 60 艘船,载 6 万男女出航。他在今摩洛哥境内及其周围建立了 5 座城,然后继续南下,可能在塞内加尔河畔建立瑟恩。他显然到过今天的冈比亚或塞拉利昂海岸。10 世纪的希腊文《汉诺周航记》可能由迦太基文翻译而来。(《简明不列颠百科全书》第 3 卷,第 680 页。)

44 克劳狄一世　Claudius I(公元前 10. 8. 1~公元 54. 10. 13):罗马皇帝和历史学家。他是罗马大将尼禄·克劳狄·德鲁苏斯之子,年轻时在李维的鼓励下研究历史,

用希腊文写成了 20 卷《伊特鲁里亚史》和 8 卷《迦太基史》。他 37 年出任执政官，41
年初罗马皇帝盖尤斯遇害后，他被御林军拥立为皇帝。他在 41~42 年吞并毛里塔尼亚，
43 年夺取小亚细亚的吕基亚地区，44 年把犹太改为一个行省，46 年占领色雷斯并在不
列颠和其他地区取得一系列胜利。在内政方面，他采取了许多开明政策，鼓励城市建
设，开辟殖民地，扩大罗马公民人数。（《简明不列颠百科全书》第 4 卷，第 752 页。）

45 图拉真　Trajan（约 53.9.15~117.8.8/9）：罗马皇帝。他父亲是罗马高级官
员，官至叙利亚和亚细亚总督。他从军后曾在叙利亚军团任军官，89 年在西班牙指挥
一个军团。他于公元 91 年和 98 年两次担任罗马执政官。在他第二次担任执政官之后
不久，皇帝内尔瓦去世，他被军队和元老院推举为皇帝。他对内休养生息，对外扩张
领土。他发动了对安息的战争，公元 115 年占领上美索不达米亚，不久率军进抵底格
里斯河，攻占了安息首都泰西封。（《简明不列颠百科全书》第 8 卷，第 13 页。）

46 托勒密　Ptolemy（活动时期公元 2 世纪）：著名天文学家、地理学家和数学家。
他的生平不详，其主要研究成果是在埃及亚历山大城完成的。他在天文学方面的研究
成果主要体现在《天文学大成》这部巨著之中，他发表的地心宇宙体系（托勒密体
系）在天文学中占统治地位达 1 300 年之久。他的《地理学指南》使他获得地理学家
的声望。该书共分 8 卷，载有如何根据经纬度绘制地图的说明以及用经纬度标明的欧、
亚、非三洲某些地方的地理位置。他在地理学上的影响也持续了 1 300 年。（《简明不
列颠百科全书》第 8 卷，第 52~53 页。）

47 黄金半岛　Golden Chersonese：古典时期希腊和罗马的地理学家用来表示马来
半岛的名称。在希腊语中，Chersonese 意指 "半岛"。托勒密在他 2 世纪的著名著作
《地理学指南》中提到过黄金半岛。虽然早期有几位学者试图将黄金半岛和下缅甸
（缅甸沿海地区）联系起来，但今天它一般被认为是指马来半岛。在古代，马来半岛被
认为出产黄金。尽管现在马来西亚不再是黄金的主要产区，但那里仍然有金矿。（ht-
tp://en. wikipedia. org/wiki/Golden_Chersonese. ）

48 斯特拉博　Strabo（公元前 64/前 63~公元 23）：希腊地理学家和历史学家。他
年轻时游历各地，晚年编纂了他的重要著作《地理概论》。《地理概论》是奥古斯都时
期涉及各民族和国家的巨著。著作引述大量文献，描述了希腊各城邦的地理和历史情
况。他善于运用前人的材料构成自己著作的主要内容。另外，他还有一部 47 卷的《历
史概论》，讲述了从公元前 145 年至公元前 31 年已知的世界历史。（《简明不列颠百科

全书》第 7 卷，第 465 页。)

49 摩尔人 Moor：英语文献中指摩洛哥人，后来亦指在 11~17 世纪创造了阿拉伯安达卢西亚文化，随后在非洲定居下来的西班牙穆斯林居民或阿拉伯人、西班牙人及柏柏尔人的混血后代。它偶尔也指一般的穆斯林。(《简明不列颠百科全书》第 6 卷，第 23 页。)

50 布列塔尼 Brittany：法国古省和公爵领地，包括克尔特人从英国移入以前被称为阿摩里卡的地方。它由法国西北部的半岛组成，几乎相当于今天的菲尼斯泰尔，面积 27 194 平方千米。布列塔尼人兼有冒险和守旧精神，许多人长于航海，充当海军。(《简明不列颠百科全书》第 2 卷，第 145 页。)

第六章　海洋与海上航行权均不属于葡萄牙人
以教皇赠与的名义取得的权利

鉴于以发现的名义对海洋主张权利存在瑕疵，接着，葡萄牙人可能援引教皇亚历山大六世的赠与来证明他们对海洋和海上航行享有排他性权利的正当性。但是，从以上论述可见，教皇的赠与显然已被证明是一种华而不实的噱头，因为对于经济贸易以外的事物，教皇的赠与没有任何效力。由于海洋和海上航行权不能成为任何人的私有财产，因此，教皇不能将其赠与任何人，葡萄牙人也不能接受这种赠与。此外，如前所述，根据所有具有正常判断能力的人们的观点，教皇既不是世俗世界之主，也不是海洋之王。这是一个得到充分承认的事实。即使出于辩论的需要想当然地给他安上这样的头衔，属于教皇神职范围内的权利也不应该全部或者部分地转让给任何一个国家或者国王。同理，任何一位皇帝同样不能随心所欲地把帝国的一个行省转变为自己的领地或者转让给别人。[1]

由此可见，因为除了与精神及宗教有关的必要事务以外，任何人都没有把对世俗事务的处置权授予教皇，而且我们正在讨论

---

〔1〕　维多利亚：《论印度群岛》I，n. 26。

的问题，即海洋和海上航行权的问题，只涉及金钱和利益而与虔诚信仰无关，所以，每个头脑清醒的人都肯定会认为，教皇对此类事务没有管辖权。实际上，甚至统治者，即世俗世界的国王，也不能禁止任何人从事海上航行，因为即使他们确实在海上拥有某种权利，那也仅限于管辖和保护的权利。另外一个得到普遍承认的事实是：教皇无权实施任何有悖于自然法的行为。[1] 但正如我们已经确定无疑地证明了的那样，任何人把海洋或者利用海洋的权利视为其私有财产的行为均有悖于自然法。最后，由于教皇完全不能剥夺任何人属于他们自己的权利，因此，假如他只要说一句话就可以剥夺那么多无辜的、没有任何过错且不应当受到指责的国家的人民享有的与西班牙人【此处应为"葡萄牙人"——中译者注】相同的权利，那么，为他的赠与行为辩护的理由是什么呢？

　　由此可见，必须肯定的是，或者说教皇的赠与公告没有法律效力，或者说它只是教皇希望对西班牙和葡萄牙之间的争端进行调停而采取的措施，而且他无意侵犯其他国家的权利。

---

〔1〕　西尔维斯特：《西尔维斯特全集》"论'教皇'的词义"n. 16。

第七章　海洋与海上航行权均不属于葡萄牙人
以时效或者习惯的名义取得的权利

　　对非正义行为进行最后辩护的方式通常是根据时效或者习惯提出主张或者抗辩，因此，葡萄牙人也采取了这种辩护方式。然而，得到充分确立的法律推理排除了葡萄牙人诉诸时效或者习惯得到保护的可能性。

　　时效是一个国内法问题，因而它不能适用于国王或者自由和独立的国家之间。[1] 当时效与通常比国内法效力更强的法律，即自然法或万国法，发生冲突时，它一般处于次要地位。不！甚至国内法本身也不允许将时效适用于本案。[2] 因为国内法同样不允许根据时效取得不能成为占有人财产的物，即那些不能被占有或准占有并且不能被转让的物，而海洋以及对海洋的利用具有此类物的全部特征。

　　既然无论是因为物的性质还是因为时效所针对的那些人享有的特权，公有物，即属于一个国家的财产，不能仅仅由于时间的流逝而被取得，那么，对来自共有物的利益的享受应当被给予整

---

　　〔1〕　巴斯克斯：《雄辩指南》c. 51。

　　〔2〕　多尼鲁斯：【《市民法评论》】V. 22 ff.；《查士丁尼法典·学说汇编》XVIII，1，6；XLI，3，9，25；《天主教教会法典大全·第六卷》VI，V，12（不得占有之规则）；《查士丁尼法典·学说汇编》L，16，28；XXIII，5，16。

个人类而不是某个单独的国家难道不更具有正当性吗？关于这一点，帕皮尼安曾经指出："对于在国际法上被认为属于'公有'的区域，因长期占有而产生的时效通常不能被承认为具有法律效力。"[1] 为了说明这一点，他引用了这样一个案例：有人通过在海岸上建造一座建筑物的方式占领了这一部分海岸，但是，如果该建筑物损毁后另一个人在原址上又建起一座新的建筑物，则该人也可以无例外地占领这一部分海岸。接着，帕皮尼安又以公有物的类似情形说明了这个道理：即使一个人多年来一直在一条河的支流上捕鱼，但当他不再在那里捕鱼以后，他不能阻止其他人享有他曾经享有的在该处捕鱼的权利。

因此，虽然安基勒斯[2]及其追随者认为，威尼斯人和热那亚人可以通过时效的方式在邻近其海岸的海湾取得某些特定的权利，但是，他们的看法或者是错误的，或者是为了欺骗别人。当法学家不是出于维护正义和法律，而是为了向当权者邀宠而行使其神圣职业所具有的权威时，经常会发生这种情况。同时，如果把前面引用过的马西亚努斯的看法和帕皮尼安讲过的话[3]进行详细对比，人们将会发现，马西亚努斯的看法与原来被约翰内斯【约翰

〔1〕《查士丁尼法典·学说汇编》XLI，3，45；《查士丁尼法典·敕令集》VIII，11，6；XI，43，9；《查士丁尼法典·学说汇编》XLIII，11，2；XLI，3，49。

〔2〕 安基勒斯：《法律评论》，286。[安基勒斯·阿里提努斯·阿·加比利奥尼布斯（？～1445）是一位对《查士丁尼法典·学说汇编》和《查士丁尼法典·法学总论》作了大量评论的注释学家。]

〔3〕《查士丁尼法典·学说汇编》XLIV，3，7。

内斯·费伯——中译者注】和巴尔托鲁（萨索费拉托的）[1]1 所采纳，现在又得到所有优秀的学者们[2]接受的下面这种观点并不存在不同的解释：针对他人设置禁止的权利只能在占领持续期间内有效；如果失去占领，禁止权即不再有效。同时，一旦占领中断，即使它在此之前已经持续了一千年，占领者也将失去其权利。保罗·德·卡斯特罗[3]曾经正确地指出了这一点。另外，即使马西亚努斯的意思是只要承认先占就要承认时效取得——实际上他头脑中根本没有这种想法——把前面讲过的适用于公有河流的观点适用于共有的海洋，或者说把适用于小港湾或者小河支流的观点适用于辽阔的海湾仍然是十分荒谬的。因为对于后者【即海洋和海湾——中译者注】，时效取得将对根据万国法属于所有人的共有物的使用造成损害；而对于前者，时效取得并不会对公有物的使用造成大的损害。除此之外，安基勒斯根据对引水渠的使用[4]而提出的另外一种论点也理所当然地被所有人否定了。因为正如保

---

　　〔1〕［巴尔托鲁（萨索费拉托的）（1314~1357）是后注释法学派最著名的学者，他的许多传记作者称他为"市民法学者中最璀璨的明星"。】【关于他的名字，《简明不列颠百科全书》和《世界人名翻译大辞典》均译作"巴尔托鲁（萨索费拉托的）"，但中国法学界部分学者习惯将他的名字译为"巴托鲁斯"。】

　　〔2〕　杜伦：《论时效》c.3；居雅斯：《〈学说汇编〉评注》XLI，3，40。另见多尼鲁斯在【《市民法评论》】V，22 中对《查士丁尼法典·学说汇编》XLI，1，14 所作的评论。

　　〔3〕　［保罗·德·卡斯特罗（？~1420 或 1437）是意大利杰出的法学家，居雅斯在谈到保罗·德·卡斯特罗的时候说道："如果你没有保罗·德·卡斯特罗的书，卖了衬衣也要去买。"（引自德·格兰德庞特翻译的格劳秀斯著作法文译本第 55 页）］

　　〔4〕　《查士丁尼法典·敕令集》XI，43，4；XI，43，9；《查士丁尼法典·学说汇编》XLIII，20，3。

罗·德·卡斯特罗²指出的那样，它完全偏离了主题。

　　有一种观点认为，甚至只要超过人的记忆所及的时间即可产生时效取得，这是不正确的。由于法律完全否认此类时效，因此，即使超过人的记忆所及的时间也不会产生任何效力。正如菲利努斯指出的那样，本质上不能通过时效取得之物不能仅仅因为记忆所不及的时间的流逝而成为可以通过时效取得之物。[1] 巴尔布斯也承认这种观点的正确性。[2] 不过，他认为，安基勒斯的观点在下面的基础上可以被接受，即人的记忆所不及的时间的流逝被视为与能够确立某种权利依据的特权具有同等效力，因为可以推定如此漫长的时间的流逝能够产生一种完全的权利。法学家们似乎认为，如果一个国家的某一部分，如罗马帝国的某一部分，在人的记忆所及之前的某一时期已经在行使一种权利，则这种权利只能根据时效予以承认，准确地讲，它就像国王原来授予的权利一样。然而，任何人都不是整个人类的主权者，他没有能力授予任何一个人或者一个国家一种对抗其他所有人的权利。鉴于根本不存在这个前提，根据时效取得的权利必然无法存在。由此可见，根据法学家们的观点，即使是无限的时间流逝也不能在国王之间或者独立国家之间创设一种权利。

　　另外，安基勒斯还提出了一种最愚蠢的观点，他坚持认为，即使时效不能创设所有权，它也应当能成为一种有利于占有人的

---

　　〔1〕 菲利努斯：《〈教皇格列高利九世教令集〉评注》IX，II，26，11。[菲利努斯·马利亚·桑迪欧（约1427~1503）是卢卡大主教]
　　〔2〕 巴尔布斯：《论时效》IV，5，q.6，n.8。[约翰内斯·弗朗西斯科·巴尔布斯是穆恩茨-霍夫的一位牧师和法学家。]

例外。不过，帕皮尼安³准确地指出，这种例外是不存在的。[1] 事实上，帕皮尼安不可能持相反的立场，因为在他所处的时代，时效本身就是一种例外。这样看来，下面这种观点无疑是正确的，而且西班牙法律中也有同样的规定：[2] 无论时效所依据的时间多么漫长，它也不能创设一种针对那些被认为属于人类可以共同使用的物的权利。可能导致这个结论的第一个原因在于：任何使用共有物的人显然都是根据共有权利而非私有权利对其加以使用的，而且鉴于他不能完全占有该物的特点，他根据时效可能取得的权利并不比一个用益权人的权利更多。[3]

可能导致这个结论的不容忽视的第二个原因在于：尽管从因记忆所不及的漫长的时间流逝而产生的时效权利中可以推定存在一种权利依据和善意，但是，如果从某物本身的性质来看，似乎不能创设任何针对它的权利，而且如果创设这种权利——也就是说，使它永久地属于某一个国家以及个人——显然有违善意原则，则时效取得将由于存在双重瑕疵而无法成立。[4]

第三个原因在于：我们所考虑的只是一种并非属于时效取得的权利的特许权。我们将在后面对此进行论述。[5]

---

〔1〕《〈学说汇编〉评注》XLI，3，49。

〔2〕【法典名称不详】Par. 3，tit. 99，1. 7 in c. Placa.；佐阿里乌斯：《法律评论》num. 4。

〔3〕费辛汉姆：【著作名称不详】VIII，c. 26 和 c. 33；杜伦：《论时效》parte 2，§2，n. 8；§8，n. 5 和 6。[尼古拉·费辛汉姆（？~1407）是天主教方济各会教士，曾在牛津讲授神学。]

〔4〕费辛汉姆：【著作名称不详】VIII，c. 28。

〔5〕[参见后面第十一章。]

　　不过，时效和习惯之间的微妙关系并没有结束。在这种情况下，法学家们希望对时效和习惯加以区分，其目的是当他们在一条路上行不通的时候，可以退回到另一条路上去。然而，他们所做的区分是十分荒谬的。他们认为，时效是把从一个人那里剥夺的某项权利给予另一个人；[1] 习惯则是以并不剥夺任何人权利的方式把某项权利给予某个人。确切地讲，海上航行权似乎是所有人共有一项权利，即使某个人以排除其他所有人占有的方式侵占了它，并使它成为自己的财产，这也并不必然会使其他所有人失去使用它的权利！

　　对海上航行权的错误认识从对法学家保罗关于海上私人占有权的言论所作的错误解释中得到了支持。[2] 阿库修斯[3]4 曾经解释说，这一项权利可以通过特权或者习惯而取得。但是，这种根本不同于法学家保罗原文的补充说明似乎更像是居心叵测的推测者所作的臆断，而不是实事求是的解释者对它进行的评论。现在，对法学家保罗有关论述的真实含义已经有了明确的解释。另外，如果能够对恰好在法学家保罗之前发表的乌尔比安的言论[4]进行更仔细的研究，我们将会作出一个完全不同的判断。乌尔比安承认，如果禁止别人在我的房屋前面钓鱼，这种行为就构成了对捕

---

　　〔1〕　安基勒斯·阿里提努斯：《〈学说汇编〉评注》I，8；巴尔布斯：《论时效》IV，5，q.6，n.2。参见巴斯克斯：《雄辩指南》c.29；n.38。

　　〔2〕　《〈学说汇编〉评注》XLVII，10，14。

　　〔3〕　[弗朗西斯科·（？）·阿库修斯（？~1259）（著名宫廷法学家阿佐的学生），他的名字几乎等于标准注释的同义词。他被称为"辩护士的楷模"。]

　　〔4〕　《查士丁尼法典·学说汇编》XLVII，10，13。

鱼权的非法侵占。[1] 的确，尽管根据习惯这种禁止行为可以被允许，但是，这样做没有法律依据。因此，法律不否认被禁止钓鱼之人有提起损害赔偿之诉的权利。

鉴于这种情形，乌尔比安谴责了禁止他人钓鱼的做法，并称它是一种非法侵占行为。基督教法学家安布罗斯（圣）也发表过同样的言论。[2] 他们二人的观点无疑是正确的，因为完全违背自然法或万国法的习惯不产生效力。[3] 难道还有比这一点更明确的吗？的确，习惯也是一种确定的权利，但它不能使一般或普遍的法律规则无效，而海洋与对海洋的使用为所有人共有是一项普遍的法律规则。另外，我们所论述的关于时效的原理和效力同样适用于习惯。如果有人认真研究那些对这个问题持不同意见学者的观点，他将会发现，他们认为习惯是根据特权所确立的；除此之外，别无他论。由于谁也没有权力授予他人一种损害整个人类所享有的权利的特权，因此，这样的习惯在不同国家之间没有任何效力。

事实上，西班牙引以为荣的学者巴斯克斯⁵已经对整个问题作了最彻底的论述。[4] 他仔细审查了法律规则，并对自由原则进行了详细的阐述，但他没有给那些对海洋和海上航行主张权利的人

---

〔1〕 参见注释法学派学者对《查士丁尼法典·学说汇编》XLVII，10，13 所作的评论。

〔2〕 安布罗斯（圣）：《论职责》I，28；真蒂利：《战争法三集》I，19。

〔3〕 《查士丁尼法典》"无效诉讼" §1，c. "更多习惯做法"。

〔4〕 巴斯克斯：《雄辩指南》c. 89，n. 12 ff. ［费迪南德·曼查卡·巴斯克斯（1509～1566）是西班牙著名法学家，他在法学领域获得了许多崇高的荣誉。］

留下任何他们所期望的东西。巴斯克斯提出了这样的论点："根据
万国法，公有的和所有人共有的区域不能成为时效取得的对象。"
他不仅根据许多权威学者的论述支持了这一论点，而且研究了我
们在前面列举过的安基勒斯和其他人提出的反对意见。不过，在
研究这些反对意见之前，他做了一个公正合理的说明，认为所有
这些问题的真理取决于自然法和万国法的正确的概念。因为自然
法来源于神的意志，所以，它是不可改变的；但自然法的一部分
构成初级或者初始万国法，它有别于次级或者实在万国法。按照
巴斯克斯的判断，如果习惯不符合初级万国法，它们就不是属于
人类，而是属于野兽的习惯；它们是堕落和恶习，而不是法律和
惯例。因此，这些习惯既不能单纯由于时间的流逝而具有时效的
作用，也不能由于法律的制定而具有正当性，甚至不能由于许多
国家的同意、保护或者实践而得到确认。他列举了许多事例，特
别是西班牙神学家阿方索·德·卡斯特罗[6]的论述[1]来证明自己的
观点。

巴斯克斯指出：

"因此，很明显，以上提到的那些人的意见应当在多么大的程
度上受到的质疑。他们认为，热那亚人或者威尼斯人可以正当地
禁止其他国家在他们各自海洋的海湾或海域内航行，就像他们对
这些水域本身拥有根据时效取得的权利一样。这种行为不但有悖

---

〔1〕　阿方索·德·卡斯特罗：《论法律惩罚的权力》II，14，第 572 部分。[阿方
索·德·卡斯特罗（？~1558）是西班牙萨拉曼卡地区的神学家，皇帝查理五世的法律
顾问。]

于法律,〔1〕而且违反我们讲过的不可改变的自然法或者初级万国法。这一论断被证明是正确的,因为根据上述法律,不但所有海洋或者水域,而且所有其他不动产都属于共有物。尽管就对土地的主权和所有权而言,这种法律后来被部分地放弃了——根据自然法,土地起初是共有的,但后来被人们划分和分配,最后,它被从原始的共有物中分离出来——但是,对海洋的主权不同于对陆地的主权。〔2〕从创世之初到今天,海洋一直是一种共有物,而且作为众所周知的事实,海洋的这种地位从来没有改变。"

巴斯克斯继续讲道:

"尽管我经常听说许多葡萄牙人相信他们的国王在西印度群岛(可能也包括东印度群岛)的广阔海域拥有根据时效取得的海上航行权,因而不允许其他国家在上述海域通行,而且尽管我们西班牙人中的普通民众似乎也抱有同样的想法,即除了我们西班牙人以外,世界上绝对没有其他任何人有一丁点儿权利在一直延伸到曾经被我们最强大的国王征服的印度群岛地区的广阔无垠的海域航行,似乎根据时效,这一项权利是我们单独享有的,我重复一遍,尽管我也听说过以上两种说法,但是,与那些总是沉浸在与热那亚人以及威尼斯人相同的幻觉中的民族一样,所有这些民族的这种看法都是狂妄自大和非常愚蠢的。的确,他们的所有说法看起来显然更加荒谬,因为在这些国家中,没有一个国家制定出

---

〔1〕《查士丁尼法典·学说汇编》XLI, 1, 14; XLI, 3;《查士丁尼法典·法学总论》II, 1, 2;《查士丁尼法典·学说汇编》XLIV, 3, 7; XLVII, 10, 14。

〔2〕《查士丁尼法典·学说汇编》I, 1, 5;《查士丁尼法典·法学总论》I, 2, §2。

了一种可以针对它自己主张时效的制度，也就是说，无论是威尼斯共和国、热那亚共和国、西班牙王国还是葡萄牙都没有能够建立起一种允许其他国家或个人针对它们根据自然法已经拥有的权利主张时效取得的制度。[1] 因为主张根据时效取得权利者和由于这种权利主张得到确认而受害者必然不可能是一个人，即同一个人。"

巴斯克斯还指出：

"这些国家甚至没有根据时效对其他国家提出主张的权利。正如我们在前面已经详细论述过的那样，时效取得的权利只是一种国内法上的权利，因此，在不承认存在像世俗世界中那样的更高权威的统治者或者国家之间，时效的权利不发生任何效力。因为任何国家的国内法都不会对其他民族、国家、甚至外国的个人产生影响；对他们来说，这样的法律仿佛不存在或者从来没有存在过一样。在不同民族和国家以及不同国家的个人之间，必须诉诸共同的万国法，包括初级和次级的万国法；必须明确适用从来不承认任何对海洋的时效取得和侵占的法律。如同自创世以来一如既往的那样，今天，对水域的使用仍然是一种共有的权利。任何人都没有，也不能取得有损于对海洋和水域的共同使用的权利。此外，在自然法和神法中都有这样一条著名的规则：'你不希望别人对你做什么，你就不要对别人做什么。'【'己所不欲，勿施于人。'】根据这一条规则，下面的观点就顺理成章了：既然航行不

---

〔1〕《查士丁尼法典·学说汇编》XLI, 3, 4, 26 (27); XLI, 3;《查士丁尼法典·法学总论》IV, 6, 14; 巴尔托鲁和耶逊:《〈学说汇编〉评注》XXX, 11。

会对除航行者本人以外的任何其他人造成损害，那么，其他人就不能或者不应该禁止这种行为，以免在自己的王国中自成体系且几乎没有因航行而遭到损害的大自然被认为不允许航行自由，并进而违犯这样一条公认的原理和规则：'未被明确禁止的一切都是允许的。'[1]【'法无明文禁止皆可为'】另外，不但这种禁止海上航行自由的做法违反自然法，而且我们有义务反其道而行之，也就是说，我们有义务采取一切可以采取的措施对海上航行提供协助，只要这样做不会给我们自己造成任何损害。"

在借助许多世俗和教会的权威学者的学说[2]确立了自己对这个问题的观点后，巴斯克斯补充说：

"从以前发生的情况来看，似乎前面引用过的约翰内斯·费伯、安基勒斯、巴尔杜斯和弗兰西斯科·巴尔布斯的说法都不可信，因为他们认为，根据万国法，对于共同所有的区域，即使不能通过时效取得，也可以根据习惯取得。这种说法不仅是完全错误的，而且是令人难以理解和不可捉摸的；它没有表现出任何理性，而是规定了一种停留在纸面上但没有实际意义的法律。[3] 西班牙人、葡萄牙人、威尼斯人、热那亚人以及其他国家的人们进行海上航行的事例已经充分确立了这样一项原则：海上航行的垄断权以及禁止他人进行海上航行的权利既不能通过时效取得，也不能

---

〔1〕《查士丁尼法典·学说汇编》I，5，4；《查士丁尼法典·法学总论》I，3，1；《查士丁尼法典·学说汇编》XLIII，29，1~2；XLIV，5，1；《查士丁尼法典·敕令集》III，28，35；《查士丁尼法典·学说汇编》IV，6，28。

〔2〕《查士丁尼法典·敕令集》III，44，7。

〔3〕《查士丁尼法典·敕令集》VI，43。

通过习惯取得。[1] 很明显，不能通过时效和习惯取得这些权利的理由完全相同。因为根据法律和前面提到的原因，这样做不但有违自然公正，而且除了造成损害以外，不会带来任何利益。由此可见，允许取得航行垄断权和对他人航行的禁止权的规则既不能通过明示的法律，也不能通过默示或隐含的法律得到确立，而习惯就是一种默示或隐含的法律。[2] 时间的推移远不能证明海上航行垄断权的正当性，它只能使情况变得更糟，并造成日益增加的损害。"

接着，巴斯克斯指出，从土地最早被先占时起，每个民族就有了在自己的领土内狩猎和在自己的河流上捕鱼的权利。一旦这些权利被以承认其具有某种特殊的附属权利的方式从古老的共同体的权利中分离出来以后，它们就可以根据"占有究竟始于何时的记忆已不复存在"这样的时间长度被以时效的方式取得，这似乎是国家之间一种默许的方式。不过，这种取得是根据时效而不是根据习惯发生的，因为在这种情况下，只有取得权利之人的条件得到了改善，而其他所有人的状况却变得比原来更糟。接着，巴斯克斯列举了将在河流上捕鱼的私有权利转变为根据时效取得的权利所必需的三个条件，然后，他继续讲道：

"但是，对于海洋的问题，我们应该怎么说呢？我们对此有更多的话要说，因为即使前面提到的三个条件全部具备，它也不足以产生根据时效取得海洋的权利。对一方面是海洋另一方面是陆

---

〔1〕《查士丁尼法典·学说汇编》IX，2，32。

〔2〕《格拉提安教令集》IV，C. II；《查士丁尼法典·学说汇编》I，3，1~2，32；《教皇格列高利九世教令集》IX，II，26，20。

地上和河流进行区别的原因在于：就海洋而言，各国最初的权利同样是捕鱼和航行，这些权利在最早的时候即已产生，直到今天依然没有任何克减地继续存在，并且将一直持续下去，因为它们从来没有被从人类共同体的权利中分离出去，而且从来不附属于任何一个人或者一群人。然而，后一种情况，即陆地和河流的情况，则与此不同，我们在前面已经对其进行了论述。"

"不过，有人会提出这样一个问题：为什么当我们研究河流和陆地问题时能够导致这种权利分离的次级万国法规则在我们研究海洋问题时不能以同样的方式发生效力呢？我对这个问题的回答是：在前一种情况下，这样做符合实际需要，同时也是必要的，因为所有人都承认，如果许多人在同一块陆地上打猎或者在同一条河流中捕鱼，森林中的野生动物和河流中的鱼类很容易被赶尽杀绝和捕捞殆尽。然而，这种在陆地上和河流中可能发生的现象在海洋中却不可能发生。同理，在河流上航行容易受到建造在河道中的结构和设施的限制或阻碍，但在海上航行则不会发生这种情况。另外，河流容易因为修建引水渠而干涸，但无论采取任何方式，海水都不会枯竭。[1] 因此，可以根据时效取得陆地和河流的同样的理由不能适用于海洋。"

巴斯克斯指出：

"另外，我们在前面讲到的可以对溪流、泉水和河水共同使用的理由同样不适用于海洋，因为对它们的共同使用只有在为了汲取饮用水以及其他类似目的时才可能得到承认，也就是说，这些用途根

---

〔1〕《查士丁尼法典·学说汇编》XLI，13。

本不会或者只会在最小的程度上对河流的拥有者或者对河流享有其他权利的人造成损害。[1] 对于这种微不足道的问题，我们没有时间再进行讨论。有利于我们的论点的是这样一个事实，即对于不能正当地以时效的方式取得之物，时间的推移不会赋予一种根据时效取得的权利。因此，一项不正当的法律既不能建立一种时效取得的权利，也不能使基于时间的推移而提出的主张具有正当性。"

巴斯克斯进一步指出："按照法律规定不能根据时效取得权利之物不可能成为时效制度的客体，即使时间过了一千年也不行。"为了支持自己的观点，他引用了许多法学家的论述。[2]

每个人都知道，侵占行为无论持续多长时间都不能阻止对共有物的使用。在这里，我们还必须补充一点，即那些持不同观点之人的权威意见不能适用于目前正在讨论的争议问题。因为他们谈论的是地中海，我们谈论的是大洋；他们谈论的是海湾，我们谈论的是无边无际的大海。即使从先占的角度来看，它们也是完全不同的客体。另外，刚才提到的那些发表了权威意见的学者所承认的可以根据时效取得海洋的民族都占有着连绵不断的海岸线，比如，威尼斯人和热那亚人，但葡萄牙人显然连占有连绵不断的海岸线的主张也无法提出。

此外，即使像某些人认为的那样，单纯的时间的推移能够创设一种根据时效取得对公有财产的权利，但在目前的情况下，仍然不存在创设这种权利的绝对必要的条件。这些必要条件是：第

〔1〕《查士丁尼法典·学说汇编》IV，4，3；巴斯克斯：《论继承的演变》I，7。

〔2〕 巴尔布斯：《论时效》5，11；16，3；阿方索·德·卡斯特罗：《论法律惩罚的权力》II，14；巴尔布斯和安基勒斯：《〈敕令集〉评注》VII，39，4。

一，所有法学家们都指出，建立了这种时效取得权利的人对标的物的实际占有不仅维持了相当长的一段时期，而且这种占有从记忆所及的时间之前即已开始；第二，在占有人实际占有的整个期间，除了经占有人许可或者他不知情的情况以外，其他任何人没有行使过同样的占有权；第三，此外，占有人必须曾经阻止所有其他希望使用其占有物的人对该物的使用，这种阻止措施应当为人所共知，而且措施的采取得到了相关人等的容忍。如果占有人一直在连续行使其占有权，但他只是阻止了部分而非全部希望使用其占有物之人对该物的使用，那么，因为只有一部分人被阻止行使使用该物的权利，其他人则被允许自由地行使这种权利，所以，根据法学家们的观点，这样的占有就不足以确立一种时效取得的权利。

因此，如果根据时效取得公有财产，上述条件显然都应当具备。这一方面是因为法律反对对公有物的时效取得；另一方面是为了使根据时效确立其权利的人看起来是在行使私人权利，而不是公共权利，而且他是通过持续占有取得这种权利的。

由于创设一种时效取得的权利要求以超出人的记忆所及的时间为条件，因此，正如最著名的评论家们指出的那样，证明时间已经过了100年并非总是足够的。不过，由于没有任何仍然在世的人耳闻目睹过相反的情形，因此，我们的祖先流传给我们的传统习惯应当是无可争议的。在1477年国王约翰【即若昂二世[7]——中译者注】统治时期，[1] 在非洲进行战争的同时，葡萄牙人首先开

---

〔1〕 奥索里乌斯：《葡萄牙国王曼努埃尔一世传》I。［希伦尼乌斯·奥索里乌斯（1506~1580）以"葡萄牙的西塞罗"而闻名。］

始推动对大洋更遥远之处的发现之旅。20 年后，当伊曼纽尔国王【即曼努埃尔一世[8]——中译者注】统治葡萄牙时，葡萄牙人绕过好望角并在后来的某个时间到达了马六甲以及更远处的岛屿。其实，这些岛屿正是荷兰人 1595 年开始航行去往的地方，也就是说，它恰好是在葡萄牙人首次到达那里以后的 100 年之内。事实上，即使是在那段大约 100 年的时间里，其他各方对权利的侵占也已经中断了任何一方创设根据时效取得权利的资格。例如，从 1519 年开始，西班牙人的行动就使葡萄牙人对马六甲群岛周围海域的占领变得极不稳定；甚至法国人和英国人也并非隐蔽而是公开地使用武力开辟了通往这些新发现的地区的航道。此外，非洲和亚洲整个海岸沿线的居民一直在他们各自海岸邻近的海域进行航行和捕鱼，而且葡萄牙人从来没有禁止他们从事这些利用海洋的活动。

因此，整个问题的结论是：葡萄牙人没有禁止任何其他国家的人民为去往东印度群岛而进行海上航行的权利。

中译者注

————————————

1 巴尔托鲁（萨索费拉托的） Bartolus of Saxoferrato（1313/1314~1357）：佩鲁贾地方的律师和法学教师。他是 14 世纪中叶意大利北部一批著述民法（罗马法）的法学家组成的注释法学派或评论法学派中最杰出的人物。他和同事们全面地研究广泛的法律思想，而不像以前的注释法学派学者那样只是阐释片段甚至个别单词。除评论《查士丁尼法典》以外，他还写了若干关于证据和诉讼程序的专题论文。（《简明不列颠百科全书》第 1 卷，第 420 页。）

2 保罗·德·卡斯特罗　Paul de Castro，亦称"克斯特伦西斯"（？ ~1436/1441）：意大利法学家。他曾在佩鲁贾师从巴尔杜斯学习法律，后来在阿维尼翁大学获得市民法博士学位。虽然尚不确定他是从什么时候开始教授法学的，但据记载，他在日内瓦、阿维尼翁、帕多瓦、佛罗伦萨、博洛尼亚等大学教授法律长达 57 年之久。他也曾讲授教会法。他主要的著作是对《查士丁尼法典·学说汇编》的评论。（http://en. wikipe-dia. org/wiki/Paul_de_Castro. ）

3 帕皮尼安　Papinian（约 140 ~ 212）：罗马法学家。他最重要的著作是两部案例集：《问题集》（37 卷）和《解答集》（19 卷）。但他在死后才成为罗马法的权威人物，这可能是因为他的高尚道德品格与古典时期以后帝国的基督教统治者的世界观相一致。（《简明不列颠百科全书》第 6 卷，第 385 页。）

4 阿库修斯　Accursius（约 1182 ~ 约 1260）：13 世纪杰出的法学家，革新罗马法的法律学者。他是查士丁尼的罗马法法典的许多注释家中的最后一个，他的权威性著作《法令注释》（1220 ~ 1250）胜过他以前的学者们的注释。他曾任波伦亚大学教授，在那里接触到罗马人的许多法律著作。他对罗马法的注释影响了后来欧洲各个法典的发展，其中包括 19 世纪初制定的《拿破仑法典》。（《简明不列颠百科全书》第 1 卷，第 85 页。）

5 巴斯克斯　Vázquez，亦译为"瓦斯奎兹"（？ ~ 约 1559）：西班牙法学家。他的著作主要有《雄辩指南》和《论继承的演变》等书。他的主要学术成就是阐述了有效取得问题。他认为在任何支配权、用役权或司法权出现之前，万物均处于自然自由状态，任何对自由的限制，必须能产生某种效益。根据自然法，所有人对所有物享有所有权，但根据效益原则，建立私有制有利于促进整体利益。私有制是通过有效取得形成的法律状态，但有效取得不能延伸至海洋，海洋中没有也不可能产生私人所有权，人们只能像使用共有物一样使用海洋。巴斯克斯观点被认为是格劳秀斯写作《海洋自由论》的灵感的来源。（维基百科（西班牙语），"Fernanduo Vázquez de Menchaca"词条；《捕获法》英文版，"引文作者索引"，第 412 页。）

6 阿方索·德·卡斯特罗　Alfonso de Castro（1495 ~ 1558. 2. 11）：西班牙方济各会神学家和法学家。他 15 岁加入方济各会并成为一名优秀的传教士，后来进入阿尔卡拉大学学习神学和法学。他曾在著名的萨拉曼卡大学担任教授，也曾担任神圣罗马帝国皇帝查理五世和西班牙国王腓力二世的法律顾问。他主要研究刑法，致力于利用刑法维护"真正的信仰"。他的成果丰富，最主要的刑法著作是 1550 年在萨拉曼卡出版的《论法律惩罚的权力》。在一些作品中，他被称为"西班牙刑法之父"。（http://en. wikipedia. org/wiki/Alfonso_de_Castro.）

7 若昂二世　John II of Portugal（1455～1495. 10）：葡萄牙国王（1481～1495 在位）。他是阿丰索五世与伊莎贝拉王后的独生子，1474 年阿丰索五世命他主管"几内亚贸易"和对非洲的探险。他继位后支持寻找非洲的最南端和通往印度的海路。但当哥伦布提出向西航行前往印度的计划时，他没有批准。1493 年哥伦布探险返回欧洲后，教皇把他新发现的岛屿全部授予西班牙。他对此提出抗议。经过多次折冲，两国签订《托德西利亚斯条约》，确定以佛得角群岛以西 370 里格处为双方的分界线，界线以西的岛屿归西班牙。（《简明不列颠百科全书》第 6 卷，第 813 页。）

8 曼努埃尔一世　Manuel I of Portugal（1469. 5. 31～1521. 12）：葡萄牙国王（1495～1521 在位）。他出生在阿尔科谢蒂，1491 年成为若昂二世的继承人，1495 年继承王位。在他统治期间，葡萄牙人开辟了通达印度的海路，发现了巴西和纽芬兰。他对这些新发现的土地提出主权要求，并得到教皇的批准和西班牙的承认。1510 年葡萄牙驻印度总督占领果阿，次年又征服马来半岛的马六甲，从此葡萄牙垄断了东方的香料贸易。1513 年葡萄牙人到达中国，开始与中国接触。（《简明不列颠百科全书》第 5 卷，第 716 页。）

第八章　根据万国法，所有人都享有贸易自由

如果葡萄牙人主张他们对在东印度群岛地区进行贸易享有排他的权利，这种主张完全可以被前面已经提到的相同论点所否定。不过，我仍然要简单地重申一遍这些论点，并把它们适应于这个特定的主张。

万国法确立了这样一项原则，即不得剥夺任何人从事贸易的机会，[1] 而且这种机会应当自由地给予所有人。自从私人所有权的划分确立以后，这项原则的适用一直很有必要，因此，它可以被视为一项源远流长的原则。亚里士多德在其名为《政治学》的著作中用非常贴切的措词指出：交换的艺术是实现大自然所要求的独立自主的必要条件。[2] 根据万国法，不仅消极意义上的贸易，而且积极意义上的贸易，或者像法学家们所说的那种肯定意义上的贸易，[3] 都应当是所有人可以共同从事的活动。前一种类型贸易中的物属于以货易货之物；后一种类型贸易中的物不是以货易货之物，而是旨在交换金钱之物。这种表述可以通过下面的方式加以解释。

大自然把所有物品赐予所有人类。但是，由于人们居住得十

---

〔1〕《查士丁尼法典·学说汇编》I，1，5。

〔2〕亚里士多德：《政治学》I，9（1257a 30）。

〔3〕科瓦鲁维亚斯：《论犯罪》，§8。

分分散，而且像我们在前面讲过的那样，并非每个地方都能出产每一种物品，因此，许多日常生活中必需的物品是人们无法获得和使用的。在这种情况下，有必要把物品从一个地方运到另一个地方。这不是一种商品交换，而是人们已经习惯根据自己的判断相互利用在对方所在的地区可以发现的物品。有人认为，中国人之间的贸易可能是以这种方式开始出现的：货物被放在沙漠边缘的某些地方，那些取走其所需货物的人凭诚信和良心把自己的货物留下作为交换。[1]

当动产被置于私人所有权之下以后（正如前面解释过的那样，这是因为需求导致的变化），马上出现了这样的交换形式：一个缺乏某种货物的人从另一个这种货物供大于求的人那里得到满足。[2]因此，正如普林尼（老）在援引荷马讲过的话中指出的那样，商业诞生于对生活用品的需求。[3]但是，当不动产也开始被承认为私有财产以后，原来所有人都可以对不动产进行利用的共同体制度随之不复存在，这就使商业活动不仅在居住地相距遥远的人们之间，甚至在相邻的人们之间也成为必要。为了使贸易更容易进行，人们在后来的某个时候发明了货币，正如这个名词的词源表示的那样，货币是一种民事制度。[4]

所有契约的共同基础，即交换的基础，来源于自然，但交换

---

〔1〕梅拉：《世界概览》III，7。

〔2〕《查士丁尼法典·学说汇编》XVIII，1，1。

〔3〕普林尼（老）：《博物志》XXXIII，1。

〔4〕亚里士多德：《尼可马亥伦理学》5，5，11（1133a 20）；《政治学》I，9（1257b 10）。[Nummus 相当于希腊语单词中的"金钱"。当然，这里引用来源不正确的事实并不影响他的论点。]

的各种具体形式和价款的实际交付本身来源于法律，[1] 尽管早期
的法律注释学家们没有足够清楚地说明它们之间的区别。所有权
威学者都认为，物的所有权，尤其是动产的所有权，来源于初级
万国法，而且所有不涉及支付对价的契约也来自这一渊源。[2] 哲
学家们用希腊语词汇对两种形式的交换作了区别，[3] 我们可以冒
昧地将它们译作"批发"贸易和"零售"贸易。像希腊语中显示
的那样，前者是指相距遥远的不同国家之间进行的贸易，正如柏
拉图在《国家篇》中所言，它在自然秩序中居优先地位；[4] 后者
看起来像是亚里士多德用另一个希腊语单词所称的交换，[5] 意指
市民之间的买卖或者店铺交易。亚里士多德还进一步把"批发"
贸易区分为"海上"贸易和"陆路"贸易。[6] 在"批发"贸易和
"零售"贸易中，零售贸易更琐碎和卑下，批发贸易则更值得推
崇。但在所有贸易中，最值得推崇的是海上的批发贸易，因为它
可以使如此多的人分享如此多的物品。[7]

---

〔1〕 《格拉提安教令集》I，C，VII；亚里士多德：同上注。

〔2〕 参见卡斯特伦西斯在《〈学说汇编〉评注》I，1，5 中引用的希努斯以及其他
人的言论。【卡斯特伦西斯（？~约1441），即保罗·德·卡斯特罗，是一位意大利法学
家，他的主要作品包括对《查士丁尼法典》所作的注释；希努斯（1270~1336/1337）是
一位意大利法学家和诗人，他的主要著作是一部《〈查士丁尼法典〉演讲集》，巴尔托鲁
和彼特拉克是他的学生。】

〔3〕 柏拉图：《智者篇》223d。

〔4〕 柏拉图：《国家篇》II（第371页），《查士丁尼法典·学说汇编》L，11，2 中
引用了这一句话。

〔5〕 亚里士多德：《政治学》I，11（1258b 22~23）。

〔6〕 [此处文本有所引申。]

〔7〕 西塞罗：《论责任》I，150~151；亚里士多德：《政治学》I，9。

正因为如此，乌尔比安指出，建立和维护船队是一个国家最重要的责任，因为它绝对是自然的需要；相比之下，建立和维护小商贩队伍则不具有同样的价值。在其著作《政治学》中，亚里士多德说道："交换的艺术扩大到了所有占有物。它最初以自然的方式产生于这样的环境中，即有些人供不应求，而另一些人却供大于求。"[1] 在这里，我们同样可以援引塞内加（小）讲过这样一句话：万国法就是关于互通有无的买卖的法律。[2]

总之，贸易自由植根于国家的初始权利，这种初始权利具有自然和永久的性质。它不能被剥夺，或者说未经所有国家一致同意，无论如何都不能被剥夺。尽管任何一个国家都可以正当地以任何方式反对任何其他两个期望建立双边和排他性契约关系的国家，但本案的情况并非如此。

---

〔1〕 亚里士多德：《政治学》I，9（1257a 14~17）。［乔伊特译本，（第1卷），第15页。］

〔2〕 塞内加（小）：《论利益》V，8。［这里不是对原文语句的直接引用，而是对这一章内容的概括。］

第九章　与东印度群岛人民进行贸易不属于
葡萄牙人以先占的名义取得的权利

无论是发现还是先占［前面第二章和第五章已对此作了充分的论述］，都不能适用于这里讨论的与东印度群岛人民进行贸易的权利问题，因为进行贸易的权利并非某种能够实际掌握在手中的有形物品，即使葡萄牙人是最早与东印度群岛人民进行贸易的人，发现或者先占对他们的主张也没有任何帮助，况且他们最早与东印度群岛人民进行贸易的说法也是错误的和站不住脚的。因为在开始的时候，人们沿着不同的路线出发，必然有人会成为最先与其他人进行贸易的人，但完全可以肯定的是，他们并不能因此而获得任何权利。由此可见，如果葡萄牙人有任何据以单独与东印度群岛人民进行贸易的权利，这种权利也应当像其他地役权一样来源于明示或者默示的特许，即来源于时效；否则，它就不可能存在。

第十章　与东印度群岛人民进行贸易不属于葡萄牙人以教皇赠与的名义取得的权利

也许除教皇本人以外，没有人承认他有权将与东印度群岛人民进行贸易的权利赠与葡萄牙人，而且他也的确没有这种权力，[1]因为任何人都不能把不属于自己的东西赠与他人。除非教皇是整个世俗世界的主宰（任何理智的人都不会承认这一点），否则，不能认为他在贸易方面拥有普遍的权利。尤其确凿无疑的是：因为贸易只与物质利益的取得有关，与精神领域的事务没有关系，所以，正如所有人都承认的那样，在精神领域以外，教皇没有任何权力。

此外，如果教皇希望在将这种权利单独给予葡萄牙人的同时剥夺所有其他人相同的权利，他的做法就具有双重的非正义性。第一，他这样做对东印度群岛人民是非正义的，正如我们指出的那样，东印度群岛人民处于基督教会的范围以外，他们对教皇没有任何服从的义务，既然教皇不能剥夺属于他们的任何东西，他也不能剥夺他们与自己希望的任何人进行贸易的权利。第二，他的这种做法对其他所有人，包括基督教徒和非基督教徒也是非正

---

[1]　参见前面第三章和第六章。

义的，因为他不能在不征求他们意见的情况下剥夺他们同样享有的权利。除此以外，正如前面那些理性和权威的论述表明的那样，即使是世俗的领主也不能在其领地内禁止自由贸易。对于这个事实，我们还需要再说什么吗？

　　因此，我们必须承认，教皇的权力在永恒的自然法和万国法面前没有任何效力；来源于自然法和万国法的自由注定将永远延续下去。

第十一章　与东印度群岛人民进行贸易不属于葡萄牙人以时效或习惯的名义取得的权利

最后，让我们考查时效问题，或者假如你更喜欢使用另外一个名词，那就是习惯问题。[1] 我们已经讲过，根据巴斯克斯的观点，时效和习惯在自由的国家或者不同民族的统治者之间均不发生效力；另外，它对根据初级的法律确立的原则也不发生效力。这里和前面的情况一样，单纯的时间推移不会使不具有财产性质的贸易权成为私有财产。在我们目前讨论的案件中，无法证明存在任何权利依据或者善意。鉴于明显地缺乏善意，根据法律规则，时效不能被称为一种权利，而是一种伤害。

此外，有关贸易权的占有似乎并非产生于私有权利，而是产生于平等地属于所有国家的共有权利。因此，从另一方面来看，尽管有些国家可能没有关注与东印度群岛人民进行贸易的问题，但是，我们千万不能因此而推定，它们这样做是为了送给葡萄牙人一个礼物，而是因为它们相信这种做法最符合自己的利益。然而，一旦形势的需要使国家认为有必要去做以前没有做的事情时，

---

〔1〕　参见前面第七章。

没有任何东西可以阻止它们这样做。因为法学家们[1]流传下了这样一项无可争议的原则：属于意思自治或者自由选择范围内的事物只能产生一种当事人根据自己的意志选择是否实施行为的自由，而不能创设一项新的权利；对于所有此类事物，即使经过 1000 年也不能创设一项基于时效或者习惯的权利。正如巴斯克斯指出的那样，这种自由选择的行为既可能是积极的作为，也可能是消极的不作为。因为我既不能被迫继续做迄今为止根据我的自由意志一直在做的事情，也不能被迫不去做我迄今为止还没有做的事情。

假如因为我们作为个体并非总是能够与其他个体达成交易这一事实从而断定即使以后机会再次降临，我们也不再有与其他人进行交易的权利，难道还有比这更荒谬的结论吗？巴斯克斯同样非常正确地指出：即使是无限的时间流逝，似乎也不能创设一种并非来源于选择，而是来源于需要的权利。

事实上，要建立一种根据时效取得的与东印度群岛人民进行贸易的权利，葡萄牙人必须证明他们能够为此实施强制。然而，首先，这种对贸易行为实施的强制不仅违反自然法，而且为全人类所厌恶，因此，不能通过强制来建立这样一种权利。[2] 其次，这种强制必须已经持续了很长一段时间，以至于"对于它从何时开始的记忆已不复存在"；但是，东印度群岛的情况并非如此，甚

---

〔1〕《〈学说汇编〉评注》XLIII，11，2；巴尔布斯：《论时效》4，5 pr. qu. 1；帕诺米特努斯：《〈教皇格列高利九世教令集〉评注》IX，III，8，10；《查士丁尼法典·学说汇编》XLI，2，41；科瓦鲁维亚斯：《论犯罪》2，§4；巴斯克斯：《雄辩指南》c. 4，n. 10 和 12。【帕诺米特努斯（1386~1445）是一位意大利神学家和巴勒莫大主教。】

〔2〕 巴斯克斯：《雄辩指南》c. 4，n. 11。

至从威尼斯人几乎完全控制了经由亚历山大（城）[1]进行的与东印度群岛地区的贸易[1]时起，时间也没有超过100年。再次，这种强制应当从来没有遭到反抗，但是，除东印度群岛各国以外，英国、法国以及其他国家都在反抗这种强制。最后，就贸易行为而言，对部分人实施强制并不能满足充分的条件，必须要对所有人实施强制。因为贸易自由是属于所有人的权利，只要有一个人没有受到强制，所有人就将继续保留他们的权利。此外，直到今天，阿拉伯人和中国人仍然在与东印度群岛人民进行着已经不间断地持续了几个世纪的贸易活动。

因此，葡萄牙人企图通过时效或习惯的名义侵占东印度群岛地区贸易权的行为没有任何法律效力。

中译者注

1 亚历山大（城）　Alexandria：阿拉伯语称伊斯康德里亚，埃及开国（公元前332年）至642年之间的都城，现为埃及第二大城市和主要海港。它临地中海，在尼罗河三角洲的西缘，公元前332年由亚历山大大帝在古城拉库提斯的基础上扩建而成。它作为东西方的贸易中心，其规模不到100年就超过迦太基，一度成为希腊文化的中心之一。它曾先后被罗马、波斯、阿拉伯、土耳其人占领。1498年葡萄牙人发现通往印度的南部航路后，它的商业地位开始下降。（《简明不列颠百科全书》第8卷，第785~786页。）

〔1〕　圭恰尔迪尼：《意大利史》XIX。【圭恰尔迪尼（1483.3.6~1540.5.22）是一位意大利历史学家，他所著的《意大利史》是意大利历史编纂学上的不朽名著之一。】

第十二章　葡萄牙人对贸易的禁止没有公平的依据

从到目前为止的论述中，我们不难看出那些为了不允许其他人分享其利益之人财迷心窍的贪婪本质；同时，他们为使自己的良心得到安抚而竭力作出的各种辩解已经被对同样的案件感兴趣的西班牙法学家们证明是完全站不住脚的。[1] 这些法学家们再清楚不过地表明，在关于印度群岛的问题上使用的所有借口都是十分牵强和不正当的。他们还补充说，这种禁止贸易的权利也从来没有真正得到众多神学家们的赞同。葡萄牙人的确抱怨说，违反其特许协议的自由贸易使他们的利润不断缩水。但是，难道世界上还有比这种抱怨更不合理的吗？一条确定无疑的法律规则规定：一个行使自己权利的人得被正当地推定他无意实施欺诈或者欺骗他人的行为，实际上，他没有损害任何人的利益。的确，如果一个人只是为了增加自己的财富且无意损害他人利益，他就是在正当地行使自己的权利。[2] 应当予以考虑的是主要和最终的目的，而不是无关的结果。事实上，假如我们恰当地赞成乌尔比安的观点，

---

〔1〕　巴斯克斯：《雄辩指南》c. 10，no. 10；维多利亚：《战争法三集》I，1，no. 3；《查士丁尼法典·学说汇编》VI，1，27；L，17，55，151；XLII，8，13；XXXIX，2，24；巴尔托鲁：《〈学说汇编〉评注》XLIII，12，1；卡斯特伦西斯：《〈敕令集〉评注》III，34，10；《查士丁尼法典·学说汇编》XXXIX，3，1。

〔2〕　巴斯克斯：《雄辩指南》c. 4，no. 3 ff；《查士丁尼法典·学说汇编》XXXIX，2，26。

那么，他不是在实施侵害行为，而是在阻止某个人取得另一个人从前享有的利益。

此外，对于一种对所有人开放的利益，每个人都希望为自己而不是为别人去努力争取，尽管别人已经发现了它。无论是从最高的法律还是从公平原则来看，这都是非常自然和理所当然的。[1]如果一名工匠抱怨说，另一名工匠运用同样的技术抢走了他的利益，谁会支持他的主张呢？在本案中，荷兰人的理由无疑更具有合理性，因为他们在自由贸易方面的利益是与全人类利益联系在一起的，而葡萄牙人却在试图破坏这种利益。[2]正如巴斯克斯在一个类似案件中指出的那样，认为荷兰人在进行恶意竞争是不正确的。显然，我们必须明确地否定或者肯定这一点，即荷兰人进行的竞争不仅是光荣的，而且是最光荣的。按照赫西奥德的说法："对普通民众来说，这种竞争是光荣的。"[3]巴斯克斯指出，如果有人在热爱自己同胞的感情驱使下，在困难时期以比平常更低的价格出售粮食，他们就减轻了那些在这种经济状况极其严峻的时刻以比平常更高的价格出售粮食的人对民众的残酷压榨。但是，有人却对低价出售粮食之人的做法表示反对，因为他们这样做减少了其他人的利润。"我们不否认这一点"，巴斯克斯指出："但是，后一类人利润的减少相应地符合其他所有人的利益。假如这

---

〔1〕　巴斯克斯：《雄辩指南》c. 4, no. 3 ff。

〔2〕　巴斯克斯：《雄辩指南》c. 4, no. 5。

〔3〕　赫西奥德：《工作与时日》。[以下是 A. W. 迈尔对该段整体的翻译（牛津译本第 1 页）："当他不需要照料能让自己赚钱的生意时，他就急忙去耕种土地和修缮房屋。邻居与邻居之间互相攀比，争先恐后地希望发家致富：这种人与人之间的竞争是受利益驱动的。"]

个世界上所有统治者和暴君利益的减少可以相应地增加其他所有人的利益，那何乐而不为呢？"

的确，与西班牙人将整个世界视为其附庸并随心所欲地决定是否允许各国之间进行贸易相比，人们还能想到其他更严重的有违正义的情形吗？[1] 每个国家的人民都非常憎恨粮食投机商，甚至会对他们进行惩罚。事实上，似乎没有任何其他商业行为比在粮食市场上哄抬物价更可耻的了。[2] 人们谴责哄抬粮价的行为非常正常，因为那些投机商在实施有损于自然秩序的行为，而像亚里士多德指出的那样，大自然为所有人提供了丰衣足食的条件。[3] 因此，我们不应当认为贸易的发明是为了使少数人获利，它是为了在一个人的不足和另一个人的有余之间达致平衡。另外，它还要求保证所有在运输过程中付出劳动和承担风险的人能得到公平的回报。

由此可见，在国家这种比较小的共同体中被认为是可悲和有害的同样的行为怎么能在更大的人类社会中被容忍呢？难道西班牙人真的已经取得对整个世界的垄断权了吗？安布罗斯（圣）对那些干涉海洋自由的人们进行了猛烈的抨击；[4] 奥古斯丁（圣）强烈谴责了那些阻断陆路交通的人们；格列高利（纳西昂的）（圣）¹也强烈谴责了那些购买货物并囤积居奇的人们，（正如他雄辩地指出的那样）他们以这种方式从其他贫困无依和亟需帮助的

---

〔1〕《查士丁尼法典·敕令集》IV, 59。

〔2〕卡耶坦：《托马斯·阿奎那〈神学大全〉评论》II. II, q. 77, a. 1, ad 3。

〔3〕亚里士多德：《政治学》I, 9。

〔4〕安布罗斯（圣）：《创世六日》V, 10, 4, q. 44。

人们那里单方面为自己获得了利润。[1] 实际上，按照这位睿智和高尚的学者的观点，任何囤积粮食并因此使市场粮价上涨的人都应当受到公开惩罚并被判处死刑。

因此，只要他们愿意，葡萄牙人尽可以大声和喋喋不休地叫嚷："你们在剥夺我们的利润！"但荷兰人的回答是："不！我们只是在追求自己的利益！难道你们是因为我们与你们分享了海风和海洋而愤怒吗？请问，谁向你们承诺说你们可以一直完全拥有这些利益呢？实际上，你们完全可以在确保你们目前占有的一切的同时，充分满足我们的需求。"

中译者注

1 格列高利（纳西昂的）（圣）Gregory of Nazianzen，Saint（约 330~389）：4 世纪基督教教父。他生于小亚细亚卡帕多西亚纳西昂附近的阿里安祖斯，其父为纳西昂基督教主教。他先后就学于省会凯撒里亚、亚历山大和雅典，回到卡帕多西亚后不久加入巴西勒创建的隐修院，362 年受神职。此后十年，他协助巴西勒与阿里乌派和信奉阿里乌主义的皇帝瓦林斯进行斗争。他对上帝三位一体的教义提出明确、有力的解释。381 年的君士坦丁堡会议批准了他的三位一体论，并写入《尼西亚信经》。他的著作有宣教文和大量通信。（《简明不列颠百科全书》第 3 卷，第 377 页。）

---

〔1〕　参见格列高利（纳西昂的）（圣）：《在巴西勒葬礼上的演说》。

第十三章　荷兰人必须以和平协定、条约或战争的方式维护他们与东印度群岛人民进行贸易的权利

由于根据法律与公平原则的要求，与东印度群岛人民进行贸易是我们以及其他所有人的自由，因此，我们要采取一切方式维护这种本质上属于我们的自由：或者与西班牙人达成和平协定，或者签订一项条约，或者继续进行战争。众所周知，和平协定有两种形式：一种是根据平等条件缔结的，另一种是根据不平等条件缔结的。希腊人[1]称前者是平等者之间的协定，后者则是一方迫使另一方接受的停战协定；前者是灵魂高贵者的行为，后者则是精神卑下者的伎俩。狄摩西尼[1] 在一篇关于罗得岛[2] 人的自由的演说中指出【他引用了伊索克拉底[3] 的言论——中译者注】：渴望自由的人们必须摆脱那些强加给他们的条约，因为这种条约几乎等于奴役。[2] 按照伊索克拉底的定义，这些条约中的所有条件都是为了减损一方的权利。[3] 根据西塞罗的说法，如果进行战争的

---

〔1〕 修昔底德，伊索克拉底，安多喀德斯。

〔2〕 伊索克拉底：《阿基达马斯》51。［格劳秀斯可能是根据他的记忆引用了这一句话。〕

〔3〕 伊索克拉底：《颂辞》176。

目的必须被理解为是为了使人民能够不受伤害地生活在和平之中，[1] 那么，和平协定必然不能是一种奴役性的，而是能够带来不受干扰的自由的协议。特别是按照许多哲学家和神学家们[2]的观点，和平与正义在名义上的区别远大于事实上的区别，因为和平协定不是基于个人的心血来潮，而是建立在井然有序的法律规则基础上的意思表示一致的协议。

不过，如果要缔结一项停战协定，则从停战协定的性质来看，显然在协定存续期间不应当使任何一方的条件变得更糟。因为根据保持占有原则，协定双方处于平等的地位。

但是，假如敌人的非正义行为迫使我们不得不进行战争，那么，我们事业的正义性质应当给我们带来取得胜利的信心和希望。正如狄摩西尼指出的那样："因为每个人都会为了重新获得他失去的一切而竭尽全力进行战斗。然而，当试图取得属于别人的财产时，他们往往不会这样做。"[3] 亚历山大大帝以这种方式表达了他的观点："那些非正义行为的始作俑者必须受到最严厉的谴责，而反抗侵略者的人们则可以得到双重武装：一是被因其正当的战争理由激发起来的勇气所武装；二是被因其并非实施犯罪而是抵抗犯罪行为而产生的获得胜利的最大希望所武装。"

因此，如果确有必要，没有在海上被征服的民族，勇敢地站起来战斗吧！这不仅是为了你们自己的自由，也是为了全人类的

---

〔1〕　西塞罗：《论责任》I，35。

〔2〕　保罗·卢卡努斯和斯托巴乌姆：《论正义》；克雷芒·亚历山德里努斯：《子座集》；奥古斯丁（圣）：《论上帝之城》IV，15。

〔3〕　狄摩西尼：《论罗得岛人的自由》XV，10。［皮卡德-剑桥译本，I，第59页。］

自由。"不要让自己被他们每一艘船都装有一百只船桨的气势汹汹地驶来的舰队所吓倒。这些船只将在它们航行的海面上消失得无影无踪。尽管他们的船首画着类似半人半马怪⁴的图案，并作出威胁要投掷石块的样子，但是，你们将发现那只是光秃秃的木板和吓唬人的画像而已。战争理由的正当与否无疑会增强或削弱一名战士的战斗力。如果战争理由不具有正当性，耻辱感将使他扔掉手中的武器。"[1]

倘若包括奥古斯丁（圣）[2]本人在内的许多学者都相信，无害通过他国领土的要求被拒绝可以成为拿起武器进行战斗的正当理由，那么，还有什么理由比拿起武器反抗那些要求人们在共同和无害地利用根据自然法属于全人类共有的海洋时需要得到他们允许的人更具有正当性呢？倘若可以正当地使用武力攻击那些禁止其他国家的商人通过其领土进行贸易的国家，那么，对于使用武力将其并不享有任何权利的其他国家强行隔离开来并阻止它们相互往来的国家，我们又应当怎么做呢？如果这样的案件被提交给法庭，我们无疑可以从一位公正的法官那里得到值得期待的判决。行政长官⁵发布的一条法令规定："我禁止使用武力阻止任何人驾驶船只或小艇在公共河流上航行，或者阻止任何人把货物卸在河岸上。"[3]法律注释学家们指出，这一条禁令必须以同样的方式适用于海洋和海岸。例如，对于行政长官的下面一条法令："在

[1]　普洛佩提乌斯：《哀歌》IV, vi, 47~52。[巴特勒（勒布）译本，第305页。]
[2]　奥古斯丁（圣）：《论上帝之城》V, 1。
[3]　《查士丁尼法典·学说汇编》XLIII, 14, 1。

公共河流中和河岸上不得实施任何妨碍船只航行和靠岸的行为，"[1] 拉贝奥评论说，应该有这样一条适用于海洋的类似的法令："在海洋中和海岸上不得实施任何妨碍船只进港、靠岸或者在海上航行的行为。"[2]

除了这种明确的禁止性规定以外，乌尔比安指出，如果任何人被禁止在海上航行，或者不允许他出售或使用自己的货物或产品，他可以为此提起损害赔偿之诉。[3] 与此同时，神学家和演说家们也同意，无论是禁止他人买卖货物的人，还是将其私人利益置于公共利益和共同利益之上的人，或者是以任何方式阻止他人利用根据共有权利属于其个人物品的人，都应当由一位公正的公断人做出裁定，要求他承担损害赔偿责任，赔偿额应当按照充分赔偿所需的金额确定。

根据上述原则，一位正直的法官应该授予荷兰人贸易自由的权利，禁止葡萄牙人和其他人使用武力干涉这种自由，并命令他们支付公平的损害赔偿。如果无法得到法庭的判决，荷兰人就应当在战争中以正义的名义提出这种主张。奥古斯丁（圣）明确赞成这一点，他指出："敌人的非正义行为将导致一场正义的战

---

[1] 《查士丁尼法典·学说汇编》XLIII，12，1。

[2] 《查士丁尼法典·学说汇编》XLIII，12，1。

[3] 《查士丁尼法典·学说汇编》XLIII，8，2；XLVII，10，13和14；西尔维斯特：《西尔维斯特全集》"论'赔偿'的词义"；奥尔德拉多和阿基迪亚科努斯：《〈学说汇编〉评论》XLVIII，12，2和XLVII，11，6。［奥尔德拉多·德·庞特（？~1335）是一位博洛尼亚教会法学家。阿基迪亚科努斯可能是指研究教令集的意大利学者圭多·博西乌斯。］

争"。[1] 西塞罗也指出："有两种解决争端的方法：一种是进行谈判；另一种是使用武力。我们只有在不可能利用谈判的方法时，才可以诉诸武力。"[2] 狄奥多里克大王[6] 讲道："当敌人拒绝接受正义时，我们不得不诉诸武力。"蓬波尼乌斯留给我们这样一个论断，而且对于我们的论点来说，它比我们引用过的任何言论都更有意义。[3] 蓬波尼乌斯宣布说，对于一个强占属于所有人的共有物并损害每个人的利益的人，我们必须使用武力阻止他这样做。神学家们也指出，就像为了保护个人财产可以正当地进行战争一样，为了保卫对根据自然法属于共同财产之物的使用权，同样可以正当地进行战争。因此，对于封锁道路并阻止商品出口的人，应当"以其人之道还治其人之身"，制止他们从事这种活动，甚至不需要等待任何公共权力机关的授权。

鉴于以上情况，我们丝毫不必担心上帝会让那些违反他自己制定的最稳定的自然法原则的人能够得偿所愿，甚至也不必担心人们会让那些为了一己之私而损害人类共同利益的人逃脱惩罚。

---

〔1〕 奥古斯丁（圣）：《论上帝之城》IV。

〔2〕 西塞罗：《论责任》I，34。[瓦尔特·米勒（勒布）译本，第37页。]

〔3〕 《查士丁尼法典·学说汇编》XLI，1，50；海因里希·冯·戈尔库姆：《论正义战争》9。

中译者注

1 狄摩西尼　Demosthenes（公元前 384~前 322. 10. 12）：古希腊政治家和伟大的雄辩家。他曾经领导雅典人民进行了近 30 年反对马其顿侵略的战争。他克服口吃、咬字不清等先天缺陷，掌握了雄辩术。由于他的辩才，他实际上成为当时雅典民主派的领袖。他的三篇《反腓力辞》和《金冠辞》等演说辞被公认为历史上非常成功的雄辩艺术的杰作。当安提帕特进军雅典时，他弃城而逃，在被提议判处死刑后服毒自尽。（《简明不列颠百科全书》第 2 卷，第 554 页。）

2 罗得岛　Rhodes：希腊佐泽卡尼索斯群岛中的最大岛屿。它位于爱琴海最东部，与土耳其隔马尔马拉海峡相望，面积 1398 平方千米。它早期受克里特人的影响。随着米诺斯文化的解体，它成为具有青铜器时代晚期文化的强大独立王国。在多利亚人统治时期，岛上各城市在地中海各地进行贸易，并控制了爱琴海的几个岛屿。395 年起受拜占庭统治。1523 年后由土耳其统治；1912 年落入意大利之手；1947 年归属希腊。（《简明不列颠百科全书》第 5 卷，第 471 页。）

3 伊索克拉底　Isocrates（公元前 436~前 338）：雅典著名雄辩家和教育家。他创办的学校采取与柏拉图学园不同的教育方针，学员包括来自整个希腊的优秀分子。他发表了一系列评论雅典和希腊现状的演说，在文学史上具有相当重要的地位。（《简明不列颠百科全书》第 9 卷，第 55 页。）

4 半人半马怪　Centaurs：希腊神话中住在色萨利和阿卡迪亚山中的怪物。传说他们是邻近的阿庇泰人王伊克西翁的子孙，以与阿庇泰人进行恶战而闻名。战争的原因是阿庇泰企图抢走伊克西翁的儿子和继承人庇里托俄斯的新娘。在希腊后期，他们常被描绘成替酒神狄俄尼索斯拉战车者或被爱神厄洛斯束缚并骑乘者，以暗示他们酗酒和好色的习性。（《简明不列颠百科全书》第 1 卷，第 537 页。）

5 行政长官　Praetor，亦译为"裁判官"：古罗马的司法官。当执政官不在罗马时，他行使广泛的行政权力。(《简明不列颠百科全书》第 8 卷，第 674 页。)

6 狄奥多里克大王 Theodoric the Great（约 454/455~526.8.30）：意大利的东哥特王国国王（493~526 在位）。他是东哥特酋长狄奥德米尔之子，484 年成为执政官。488 年罗马皇帝芝诺命令他夺取意大利，代表皇帝统治亚平宁半岛。他征服了意大利，并进行了 33 年的和平统治。他名义上承认东罗马皇帝的宗主权，但实际上是罗马人和意大利蛮族人的国王。他极力使哥特人和罗马人和睦相处，从不实行宗教迫害，并约束哥特人不得迫害罗马人。6 世纪初，他颁布了一部《法典》，共 154 条，但除一两条外，都是重复罗马法的内容。(《简明不列颠百科全书》第 2 卷，第 545~546 页。)

附　录

西班牙国王费利佩三世[1] 的两封信

由于西班牙国王的几封信件落到了我们手中，而且这些信件清楚地说明了他和葡萄牙人的计划，因此，看起来值得把其中与目前的争端特别有关的两封信译成拉丁文，并附在此处。

第一封信

马丁·阿方索·德·卡斯特罗[2] 先生，我们亲爱的总督：

作为国王，我向您致以诚挚的问候。

我将把一项经过深思熟虑拟定的敕令连同这封信一起寄给您。根据这项敕令，出于您在其中看到的原因以及其他符合我们利益的原因，我禁止外国人在印度本土和其他所有海外领地从事任何商业活动。鉴于此事具有最重要的意义和作用并应当以最大的热情予以实施，我命令您尽力将其晓谕您所管辖的所有地方和地区，并对所有人无一例外、毫不迟延和无条件地执行本敕令中的规定，无论其具有什么地位、年龄或身份。您必须充分运用您的权力完成本敕令规定的任务，任何种类、形式或性质的有碍执行此项敕令的拖延、请求或阻挠均不得被允许。

因此，我命令负有履行职责义务的官员切实完成本敕令规定的任务。与此同时，我命令您告诫他们：我不仅厌恶那些违反命令之人，而且我将以剥夺他们现在为我服务的职务的方式对他们进行惩罚。

此外，有人一直向我报告说，在您的辖区内有许多不同国籍的外国人停留和居住，包括意大利人、法兰西人、日耳曼人和低地国家³的人们；据我们所知，其中多数人是通过波斯和土耳其而不是通过我们的领地去往那里的。如果根据这封信的要求对他们严格执行本敕令，从而使他们逃到我们的敌人摩尔人那里，让我们的邻国了解到我们军队部署的情况，并因此使他们知道采取什么方法能够对我的统治造成损害，这将会带来一系列麻烦。因此，我希望您按照紧急状态或情势的要求执行本敕令中的规定，采取一切必要的审慎措施防止这些问题的发生。特别是尽力将所有外国人置于您的权力控制之下，并根据他们个人的地位采取防范措施，使他们没有机会尝试实施任何有损于我们的权力的行动。这样一来，我将可以完全实现我在本敕令中规定的目标。

（公元 1606 年 11 月 28 日书于里斯本。由国王签署并致送为国王服务的王室顾问和东印度地区总督马丁·阿方索·德·卡斯特罗先生。）

第二封信

我们亲爱的总督：

作为国王，我向您致以诚挚的问候。

尽管我绝对相信您的出现和您带到东方地区的军队能够确保

在那些地区大肆活动的我们的敌人荷兰人以及热情接待他们的当地土著人将受到非常严厉的惩罚，以便使任何人将来都不敢再从事这样的活动，但是，当您返回果阿[4]的时候，您应当在那里的海域留下一支足够庞大且有能力从事贸易的舰队，并把对舰队的最高指挥权授予安德利亚·胡塔多·德·门多萨，或者其他任何您认为更适合担任该项职务的人。这样做将有利于保护我们的利益。我信赖您对我的忠诚，并相信在这个问题上，您只会按照有利于我的利益的原则行事。

（公元 1607 年 1 月 27 日书于马德里。由国王签署并致送为国王服务的王室顾问和东印度地区总督马丁·阿方索·德·卡斯特罗先生。）

中译者注

1 费利佩三世　Philip IV（1578. 4. 14～1621. 3. 31）：西班牙国王和葡萄牙国王（1598～1621 在位）。他是西班牙腓力二世的第四个妻子安娜所生。他在位期间对西欧各国实行和平外交政策，在国内驱逐了摩尔人后裔的基督教徒。在三十年战争期间，他无条件支持神圣罗马帝国皇帝费迪南德二世和德意志天主教的各君主。他终日宴饮宫廷，耗费大量钱财，而不理会西班牙日益严重的经济问题。（《简明不列颠百科全书》第 3 卷，第 101 页。）

2 马丁·阿方索·德·卡斯特罗　Martin Alphonse de Castro（1560～1607. 6. 3）：葡萄牙驻印度总督。他出生于葡萄牙，1605～1607 年担任葡萄牙驻印度总督。1606 年他曾率领葡萄牙舰队与荷兰东印度公司的舰队在马六甲地区的拉查多海角进行海战。

（http://en. wikipedia. org/wiki/Martin_Alphonse_de_Castro. ）

3 低地国家 Low Countries：历史地名。低地国家（尼德兰）大致包括今天的荷兰、比利时、卢森堡以及法国北部阿图瓦地区的一小部分。公元前1世纪时，低地国家的莱茵河南部和西部居住着许多克尔特部落，后来他们被罗马人征服。406~407年，莱茵河以北的日耳曼部落大举南下，罗马占领时期结束。法兰克王国时期，它的北部为弗里斯兰人占据，直到8世纪才成为查理曼帝国的组成部分。经过长期的历史演变，低地国家形成了今天的状态。（《简明不列颠百科全书》第2卷，第539~540页。）

4 果阿 Goa：印度果阿、达曼-第乌中央直辖区的县。它位于印度西海岸，与马哈拉施特拉邦、卡纳塔克邦交界，有天然良港。它于1510年被葡萄牙侵占；1961年由印度收回。（《简明不列颠百科全书》第3卷，第565页。）

中译者注索引

A

B

G

H

J

K

L

M

N

P

Z

后　记

　　从远古以来，海洋一直是自由的。直到古罗马时期，海洋和空气仍然被认为是不属于任何人的"大家共有之物"。到欧洲中世纪时，商业和航海的发展使一些沿海国开始对海洋主张权利，英国、威尼斯、瑞典、丹麦—挪威联合王国都对它们邻近的海域提出了权利主张。15 世纪的"地理大发现"激起了最早的海洋强国葡萄牙和西班牙瓜分海洋的欲望。1493 年，教皇亚历山大六世颁布谕旨，确定了一条划分大西洋的所谓"教皇子午线"，作为西、葡两国在海上进行控制的分界线，两国在各自区域内享有商业垄断权。

　　由于海洋的分割阻碍了商业和贸易的发展，因此，1609 年，荷兰著名学者格劳秀斯发表了《海洋自由论》一书。他站在维护荷兰新兴资产阶级利益的立场上，反映资本主义生产关系的要求，提出了"海洋自由"的思想，试图打破葡萄牙和西班牙对海上航行和贸易的垄断。格劳秀斯的主张遭到一些学者的反对，英国学者塞尔登和威尔沃德分别发表了《闭海论》和《简明海洋法全书》，为英国国王占有不列颠周围海洋的正当性进行辩护。不过，后来的事实证明，他们的看法是短视的，海洋自由的思想同样符合英国的长远利益。

1702 年，荷兰学者宾刻舒克在《海洋领有论》一书中提出了一种折衷的观点。他主张以大炮射程作为国家管辖范围的界限，即所谓"大炮射程规则"：国家可以占有其海岸上的大炮射程范围内的海域，海洋的其余部分则是自由的。经过长期的学术辩论和国家实践，19 世纪初最终形成了领海与公海并列的传统海洋法秩序：沿海国对领海拥有主权；领海以外是公海，适用公海自由制度。传统海洋法对领海和公海的划分一直持续到第二次世界大战时期。

第二次世界大战后，通过联合国三次海洋法会议对海洋法的发展和编纂，在传统海洋法的基础上形成了现代海洋法制度。根据 1982 年联合国第三次海洋法会议通过的《联合国海洋法公约》，海洋被分为内水、领海、毗连区、群岛水域、用于国际航行的海峡、专属经济区、大陆架、公海、国际海底区域等具有不同法律地位的区域；公海自由也从传统的航行自由和捕鱼自由扩大到了飞越自由、铺设海底电缆管道自由、海洋科学研究自由与建造人工岛屿和设施的自由。现代海洋法在沿海国要求扩大国家管辖海域范围的愿望与公海自由之间达成了新的平衡。

从海洋法的发展可见，格劳秀斯的《海洋自由论》具有十分重要的历史地位。格劳秀斯出于维护荷兰新兴资产阶级利益的目的，从自然法的角度阐述了"海洋自由"的思想。《海洋自由论》为反对葡萄牙和西班牙对东方海上航行和贸易的垄断，促进荷兰在东方的商业和殖民扩张提供了理论依据。"海洋自由"的思想代表了当时先进的资本主义生产方式，表明了海洋法的发展趋势。

　　我从 2006 年开始翻译格劳秀斯最著名的国际法著作《战争与和平法》。经过漫长艰苦的翻译过程，《战争与和平法》的第一、第二和第三卷分别于 2015 年、2016 年和 2017 年由中国政法大学出版社出版。之后，我决定再接再厉，继续翻译"卡内基国际和平基金"主持翻译出版的"国际法经典著作"（the Classics of International Law）中收录的格劳秀斯另外两部国际法名著《海洋自由论》和《捕获法》。由于《海洋自由论》的篇幅不长，加之我在《战争与和平法》的翻译过程中积累了必要的资料和经验，因此，《海洋自由论》的翻译进展顺利，全书的翻译在一年内即告完成；2018 年 10 月，《海洋自由论》正式出版。

　　在结束《海洋自由论》的翻译后，我紧接着开始了对《捕获法》一书的翻译工作。尽管 2001 年 1 月开始的新冠疫情打乱了正常的工作和生活秩序，但居家工作客观上使我可以抽出更多时间用于对该书的翻译，从而加快了翻译进度。2020 年 6 月，我把《捕获法》的中文译稿交给了中国政法大学出版社；同年 12 月，该书正式出版。至此，我终于全部完成了格劳秀斯三部伟大的国际法著作的翻译工作！

　　对国际法名著的翻译属于国际法基础研究的内容，翻译作品最基本的要求是忠实表达原作者的思想，而不能按照译者的想象进行取舍。作为一名长期从事国际法教学和研究的国际法学人，我希望通过对格劳秀斯系列国际法著作的翻译，为学习和研究国际法理论问题和发展历史的中国读者提供译文格式和内容相对统一的、高质量的翻译作品，使读者们能够站在巨人的肩膀上看得更远。我相信，这一系列权威译著的出版对中国学者准确了解格劳秀斯的国际法思想，将传统国际法理论运用于现代国际实践，进而明确国际法的发展趋势具有十分重要的意义。

在迄今为止出版的每一部格劳秀斯著作的中文译本中，我均对在翻译和出版过程中给予诸多帮助的各位学者和学生表达了谢意。值此《海洋自由论》修订版即将付梓之际，我感到有必要再次对各位提供的帮助和付出的劳动表示由衷的感谢！

感谢汪阳同学为本修订版中"中译者注索引"的修订所做的工作！

特别感谢中国政法大学出版社总编室柴云吉主任及其编辑团队为本系列国际法译著的出版所做的大量工作！他们一丝不苟、认真负责的工作态度保证本系列译著能够高质量地出版。

马呈元

2021 年 4 月

北京　中国政法大学

图书在版编目（ＣＩＰ）数据

海洋自由论/（荷）格劳秀斯著；（美）拉尔夫·冯·德曼·马戈芬英译；马呈元译. 一修订本. 一北京：中国政法大学出版社，2021.8
ISBN 978-7-5764-0101-1

Ⅰ.①海… Ⅱ.①格… ②拉… ③马… Ⅲ.①海洋权—研究 Ⅳ.①D993.5

中国版本图书馆CIP数据核字(2021)第182243号

出　版　者　　中国政法大学出版社
地　　　址　　北京市海淀区西土城路 25 号
邮寄地址　　北京 100088 信箱 8034 分箱　邮编 100088
网　　　址　　http://www.cuplpress.com (网络实名：中国政法大学出版社)
电　　　话　　010-58908285(总编室) 58908334(邮购部)
承　　　印　　北京中科印刷有限公司
开　　　本　　720mm×960mm　1/16
印　　　张　　11.25
字　　　数　　121 千字
版　　　次　　2021 年 8 月第 1 版
印　　　次　　2021 年 8 月第 1 次印刷
定　　　价　　59.00 元